〈トークセッション〉

当たり前の生活って何やねん?!

東西の貧困の現場から

生田武志・稲葉　剛

coordinator：芦田麗子

解説：高端正幸

版センター

はじめに

　私たちが日々送っている生活は、日本という国において人間としての「当たり前の生活」を送れていると言えるのだろうか。そんな素朴な疑問が、この企画の発端だった。非正規雇用の増大・ハウジングプア・実質賃金の低下・生活保護基準の切り下げ・奨学金問題など生活を危機に貶める社会問題が蔓延している状況で、私たちが当たり前と感じる生活は、どんなことを指すのだろう。

　憲法にはこの「当たり前の生活」をある意味保障する条文がある。その代表が、憲法25条の生存権と13条の幸福追求権だと考える。この二つの条文が示す生活を私たち国民が営めているかと問われれば、大多数が否と答える状況だと思う。一方で、何を以って「健康で文化的な生活」とするかや「幸せ」とするかは、個々人の価値にもよるので一概に標準化できるものではない。ただ、その個々人の価値や安定を満たすだけの生活に関する選択肢が、社会に用意されているかと言われれば、甚だ心もとない状況である。

　私自身は、長らく精神科病院のソーシャルワーカーとして勤務し、精神障害者の方の社会参加に関する支援に従事し、その後東日本大震災の被災地である宮城県の女川町の保健センターで被災者支援に従事してきた。その支援実践の過程で、貧弱な社会保障や社会福祉の制度に日々悩み、「こんな社会資源があれば、もっと暮らしが楽になるのに」「なぜこんなアパートしか借りれないんだ」「この制度、なんでこんな利用の仕方しか出来ないんだ」と苦虫を潰してきた。ただ、この想いは障害者や被災者を対象にした非常に狭い範囲の中で抱き続けてきたものでもあった。支援実践を重ねる中で、様々な人と出会い、ネットワークを共有する過程で、今やそうしたマイノリティーと呼ばれる方々だけでなく、日本に住まうほとんどの市民が苦しい生活に喘いでいる実態に行きつくことになった。

今回、大阪の西成区釜ヶ崎で日雇い労働者という世間でいうところの社会の最下層の人々が暮らし、今や生活保護受給率が西成区全世帯の3分の1に達する街を中心に、長らくホームレス支援に携わってこられた生田武志さんと年越し派遣村に代表される東京でのホームレス支援に携わっておられる稲葉剛さんをお招きし、なかなか公にされることのないホームレスの方々の生活とその支援を通じて感じておられる生きづらさを報告していただくと同時に、この日本における「当たり前の生活」とはどういったことなのかについて、忌憚なくディスカッションをしていただく機会を設けることになった。また、会場をロフトプラスワンというトークライブハウスに設定することで、いわゆる支援者だけが集まる場ではなく、この企画が一般の市民の方の目に触れ、参加できる形を取った。それは「誰かの問題」ではなく、「みんなの問題」としてこの場が共有されることを望んだからである。私自身、社会は一番弱い立場の方から作っていくと自ずとみんなの安心・安全につながると考えており、そういった意味でも今回のお二人の話は、「当たり前の生活」を考えていく上で貴重な道しるべになると確信している。

2018年4月　鶴幸一郎

当たり前の生活ってなんやねん?!

第1章　ともに路上生活者支援から始まって

芦田麗子　みなさん、こんばんは。本日のコーディネーター役の芦田麗子です。神戸親和女子大学で教員をしています。またシングルマザー支援でシンママ大阪応援団の事務局としても活動しています。今日は拙いコーディネーターになりますが、お二人のゲストはとても話上手ですので、ゆっくりお話して頂こうと思っておりま す。では、お二人から自己紹介を含めて、どういう活動をされてきたかということからお話いただきましょう

ボランティアで夜回りをして

生田武志　みなさんこんにちは。生田武志です。よろしくお願いします。僕が野宿者支援活動を始めたのは１９８６年でした。その頃、京都の同志社大学にいたんですが、テレビを見ていたら、たまたま釜ヶ崎の冬の夜回りの様子を放送していたんです。釜ヶ崎というのは、ＪＲ環状線の新今宮駅や大阪市営地下鉄の動物園前

駅に広がってる町です。ここ（ロフトプラスワンウェスト）から自転車で15分くらいの所で、ぐるっと周っても30分くらいの広さです。

そこには当時、約2万人の日雇い労働者がいて、毎晩４００人から５００人が野宿している状態でした。今でもそうなんだけど、真冬でも毛布も何もなしでいっぱい野宿してるんです。テレビの夜回りを見てると、中には70代を超えたお年寄りや病気を持ってる人、障害を持ってる人たちがいっぱい野宿していました。夜まわりでは、その人たち一人ひとりに声をかけて、病気の人、高齢な人に声をかけて、施設に来て泊まってもらっていました。その晩は寝てもらって、次の日に生活保護を申請したり、一緒に病院に行ったりということをしていました。それを見て、日本にもこんなとこがあるんだと僕はびっくりしました。僕は千葉県で生まれて岡山県で育って大学は京都に行ったんですけど、自分の周りで野宿をやってる人は見たことなかったんですね。京都から釜ヶ崎って電車で1時間半くらいですが、そんな距離なら行ってみて、ボランティアで夜回りやってみようと思ったのが一番最初でした。

アルミ缶集めは時給１００円から

その頃は僕も、この豊かな日本でわざわざ野宿なんかしてる人は僕らとは相当考え方が違うちょっと変な人なんだろうって何となく思ってたんですが、実際に自分自身でボランティアで夜回りを始めて、何百人かの野宿の人と会って話をすると、思っていたのと全然様子が違いました。

当時も今も、野宿してる人のかなり多くがアルミ缶や段ボールを集めています。アルミ缶は当時も今もだいたい1個1円か2円です。みなさん見たことあると思いますが、ビニール袋に入れて自転車で集めて業者に持って行く。あっちこっちから1個1個拾って来るので、いっぱい集めるの大変なんです。8時間から10時間かかって、やっと1000個集まるかどうかですよね。1000個集めて1000円から2000円です。なのでアルミ缶集めは1日の稼ぎが1000円から2000円で、時給では100円とか200円です。今どき、高校生がマクドナルドでアルバイトしても時給が850円くらいだから、その4分の1とか5分の1にしかならないんです。

それから、段ボールを集めてる人が今でも時々いるけど、段ボールはもっと割が悪くて、いま1キロ6円なんですね。みんなリヤカーを引いて集めてるけど、リヤカーにてんこ盛りに集めてだいたい100キロ。1日8時間とか10時間かかって、やっと100キロ集まるかどうかです。なので段ボール集めは1日の稼ぎが

600円で、時給でいうと60円です。とんでもない低賃金の重労働です。冬は寒いし、夏は暑いし。それでもみんな一生懸命働いて稼いでいるわけです。

「あなたはもう死んでいます」

中には高齢の人も野宿をしています。数年前には93歳の人が野宿していました。その人は戦争に行って生きて帰って来れたんだけど、自分の故郷に帰ったら、自分のお墓が建っていたそうです。戦死扱いになってたんですね。それはわかっていたけど、自分が生きるのが最優先なので、戸籍のことは放っておいて、ずっと働いてきたそうです。そういう人はときどきいます。歳を取って、いよいよ働けなくなって役所に相談に行ったそうです。すると役所の人から「あなたはもう死んでいます」と言われて、相手にしてくれなかったらしい。仕方がないので、通天閣の下あたりで段ボールやアルミ缶集めてずっと生活してました。当然、僕らが心配して「おじさん、90超えてんだから僕らと一緒に役所に行ったら生活保護受けてアパートに入れます。そうしょうよ」と言ったんだけど、その人は「わたしはアルミ缶集めてまだ自力で頑張れるので、野宿を続けます」って言ってました。でもそれから2～3年してバッタリ倒れて救急車で運ばれました。そうやって高齢でも野宿で頑張ってる人がいます。

それは、ある意味で変わってるんだけど、どっちかというと、世の中を自分の力で渡っていこうという凄く強い人じゃないかという気がしました。学生の時の僕は、日本では正直者が野宿してるんだって思ったんですね。もちろん生活保護を受けるのが不正直だということじゃなくて、あえて野宿をしている人がいっぱいいて、そのことに僕はびっくりしました。

日雇い労働は究極の不安定雇用

釜ヶ崎はなぜそんなに野宿の人が多いかということですが、それは釜ヶ崎が日雇い労働者の町だからです。日雇い労働の仕事は建築土木の仕事が多いんですね。多くの人が朝の3時や4時に起きて、新今宮駅前のあいりん総合センターに仕事探しに行きます。仕事があると現場に連れて行かれ、1日仕事をして、9000円ぐらいの賃金をもらっています。逆に仕事がないと、その日はすることがありません。よく新世界辺りに行くと作業着を来て歩いている人がいるけど、それは基本的には仕事が無かった人です。

建築・土木の仕事は、その日の天候によって使う労働者の数が違ってきます。たとえば晴れていると仕事があるけど、雨が降ると仕事が減ってしまう。また、景気が良いときは仕事はいっぱいあるけど、景気が悪くなると仕事が無くなっちゃう。こういう仕事の多い、少ないを自分の会社の正社員だけで調整するのは無理があると、建築土木の会社は考えました。そこで、日雇い労働を使います。つまり、仕事が多い時には、釜ヶ崎にいっぱい車をつけて労働者に声をかけて、現場に連れて行って働いてもらう。逆に、仕事が無いときには車を付けるのをやめます。今日は仕事ありません、好きにしてください、というわけです。要するに雇用の調整弁として日雇い労働者を使っていたんです。

当然ですが、仕事が無いと収入が無くなります。収入が無いとだんだん貯金が無くなって、家賃が払えなくなって野宿になってしまいます。日雇い労働というのは、今日仕事があるかどうかわからない、明日仕事があるかどうかわからないという究極の不安定雇用です。仕事が不安定な人が失業しやすく、失業した人が貧困状態になり、野宿になるというパターンが釜ヶ崎ではできてました。そのため釜ヶ崎は日本で一番日雇い労働者が多くて、一番貧困状態の人が多くて、野宿の人が多い町になりました。

僕は学生の時にずっとボランティアしていて、卒業するときにどうしようかなと考えました。当時は不登校の子のことに関心があったので、そういう施設に行こうかなと思ったんですが、結果的に釜ヶ崎に残ることになりました。そして、同じ生活をしないとわからないこともあるだろうと思って、日雇い労働を始めました。日雇い労働は、やってみると本当に大変でした。一番最初に行ったのは7月の終わりで、小学校の解体の仕事なんだけど、学校を3階まで上がって、持てるだけの解体した材木なんかを持って階段で降りて、トラックに積み込んで、それからまた階段上ってという、その繰り返しです。大阪の真夏はとんでもなく暑くて、30分もするとヘトヘトになってしまいます。だけど周りの日雇いの人たちを見ていると、そういう中でも汗流しながら黙々と仕事しているわけです。僕は、中高生の頃は短距離やハイジャンプで学年トップクラスで、体力は自信あったんだけど、現場ではまるっきりひ弱な若者なんですよ。

大都会のど真ん中に広がる不健康状態

釜ヶ崎を歩いてると、裸のおっちゃんが寝てたり、酒盛りしてたり歌を歌ってたりで自由な町かなって感じなんだけど、そういう人が仕事に行くとシャキッと働いてたりするわけです。われわれのお父さん、お母さんたちもそうですけど、仕事で一生懸命働いて、疲れ果てて家に帰って、酒飲んでテレビ見て寝たりしますが、あれと同じなんですね。だから、夜回りをやってるだけではわからないこともあるんだと思いました。

日雇い労働には危険な仕事が多くて、たとえば原発関係の仕事もありました。原発の冷却水の交換です。学校のアスベストの除去作業にも行きました。僕は結構アスベストを吸い込んでいるので、ハイリスクだと思います。そういう仕事の中で釜ヶ崎の日雇い労働者の人たちが健康を害することも多く、僕の周りでも肺がんになった人がすごく多いです。時限爆弾のように、原発やアスベストの仕事をしてから何十年も経って発病してしまうんですよね。

釜ヶ崎では結核も多くて、10年前の報道では、釜ヶ崎の結核罹患率は南アフリカやカンボジアよりも2倍近く高く、世界最悪の結核感染地と報道されていました。つまり不安定な生活や貧困状態での栄養不良のために、大阪という大都会のど真ん中に、第三世界並みの不健康状態が広がってるわけです。

釜ヶ崎の全国化

僕は釜ヶ崎の問題に対して、日雇い労働組合や夜回り団体の中で関わってきましたが、その過程でも大きな変化がいくつかありました。その一つがバブル崩壊です。1991年にバブルが崩壊して、全国の日雇い労働者が仕事が無くなって一気に野宿を始めました。これが日本で野宿が社会問題になった最初です。この時に稲葉さんたちが、新宿でいろんな活動をされてきたわけですが、大阪でも悲惨な状態がありました。

その後の大きな変化が、やっぱり2000年代以降です。2000年の始めあたりから、サラリーマンや教員、自衛官あるいは専業主婦だった人たちがいっぱい野宿を始めました。つまり、日本全体で不況が本格化して、それまで野宿などするはずの無いごく普通の人が全国で野宿するようになりました。一番多い時は2007年頃だった思いますが、たぶんその頃、北海道から沖縄まで日本全国で4万人は野宿していたと思います。僕は北海道や熊本、あと沖縄なども全国の夜回りへあちこち行って来たんですけど、どこに行っても同じ光景でした。突然のように仕事が無くなって、それまでまさか自分が野宿するとは思わなかったという人たちが野宿になっていて、話をすると「こんな生活はつらい」「恥ずかしい」と言っていました。釜ヶ崎が全国化したということをその時に感じました。

派遣村で貧困問題が可視化

その後２００８年に派遣村ができるんですが、これが大きな変化につながります。それまで、野宿の人は生活保護申請をしても、ほぼ全員追い返されていました。僕も経験しましたが、野宿の人は役所に行くと「あなたはまだ若い、50代でしょう。もっと働きなさい」とか「あなたには住む家が無いじゃないですか。住む家が無い人は生活保護受けられませんよ」と言われて追い返されていたんです。もちろん生活保護法にも憲法にも、住所や年齢がどうということは一切書いてない。いわゆる水際作戦です。

これが問題になったのが、北九州の「おにぎり食べたい事件」で、生活保護が途絶えた人が餓死状態になって、日記に「おにぎり食べたい」って書き残して亡くなり大問題になります。もちろんこれは大きな問題でしたが、ただ、そんなことを言うと、それまで釜ヶ崎にはそういう形で死んでる人がいっぱいいたわけです。僕が釜ヶ崎に行った頃には、釜ヶ崎の中で年間３００人が路上死していると言われてました。餓死、凍死、あと病死です。また自殺もすごく多くて、僕も夜回りの中で何度か死体の第一発見者や通報者になっています。ただ、釜ヶ崎の問題は、それまで一切放置されていました。それが、派遣村によって貧困問題の可視化がされて、厚生労働省が「野宿していても若くても生活保護を受けることができるよ」という当然の通達をようやく出して、野宿から生活保護を受ける人が増えてきました。それ以降、全国で野宿の人が減っていき、今はたぶん全国で1万人弱ぐらいに減っています。

簡単には野宿から抜けられない人たち

現状の問題ですが、依然として釜ヶ崎ではだいたい400人が野宿しています。これ、30年前と全く変わりません。僕の実感からいうと、30年前からぐるっと回ってまた元に戻っちゃったって感じです。当時、釜ヶ崎の問題が無視されていましたけど、今も無視されています。派遣村も終わっちゃったし、求人倍率もいいし、何とかなってんじゃないのということでしょうか。でも、釜ヶ崎ではアルミ缶を集めながら野宿を続ける人、鬱や統合失調などの精神疾患があって夜回りでも話がなかなかできず、役所や病院につながらない人、生活保護の扶養照会があるために生活保護を申請すると親族に知られるのが嫌だということで生活保護をあくまで拒否する人など、簡単には野宿から離れられない人たちがいっぱいいます。そういう現実を前に、これからどうするのかということが問われている状態にきているんだなと感じています。

芦田　ありがとうございました。では続いて稲葉さん、お願いします。

「つくろい東京ファンド」を立ち上げ

稲葉剛　生田さんのお話を先に聞いていただいて本当に正解だったなと思ってます。野宿者の状況について詳しくお話されましたので、私のほうはそのぶん気楽にお話させていただきます。今日の午後の新幹線で大阪に着きました。昼までは東京にいました。

今年（２０１７年）の春より、「カフェ潮の路」というホームレスを経験した人たちと一緒に作っていくカフェを運営しています。３年前の２０１４年に「つくろい東京ファンド」という団体を立ち上げて、東京の中野区で個室シェルターの事業を行なってきました。

ホームレスの人たちに対して、無条件で住宅を提供する「ハウジングファースト」という支援の手法があります。今欧米で広がってるんですが、これを東京でもやっていこうということで、都内の七つの団体で「ハウジングファースト東京プロジェクト」というネットワークを組んでいます。「つくろい東京ファンド」は、その中で住宅支援を担当しています。

私たちのシェルターを経由してアパートに入った方は3年間で40人を超えました。ただ、高齢だったり、精神疾患や知的障害、発達障害などをお持ちの方が多いため、なかなか一般就労は難しく、アパートに入ったとしても、ひとりぼっちになってしまう、社会的に孤立してしまうという状況があります。そこで、ホームレス経験者の居場所と仕事を作るため、今年の4月に「カフェ潮の路（しおのみち）」をオープンさせました。

「カフェ潮の路」では、元ホームレスの人たちが自家焙煎した東ティモール産のフェアトレードコーヒーをお出ししています。週2日、開催しているカフェは、地域で暮らしている元ホームレスの人が集まって交流したり、地域住民や近くの企業の会社員、商店街で働く人たちにも来ていただいて、さまざまな人たちが交流できる場所になっています。

新宿段ボール村で野宿者と出会う

さて私がなぜこういう活動をしてるかということについてお話します。生田さんは80年代の後半から大阪で活動を続けていらっしゃいますが、私はもともと広島の出身で１９６９年の生まれです。母親が被爆者だったということもあって、学生時代には戦争や平和の問題に関心を持っていました。１９９１年に湾岸戦争（第一次イラク戦争）が始まり、そこに日本政府が戦費を拠出するということがあり、私は大学４年生だったんですけど、それに反対するためにいろんな大学の学生たちに声をかけ、今で言うとＳＥＡＬＤｓのようなかっこいい学生運動をやろうと思ってました。それは思ったほど上手くいかなかったんですけど、話題にもならずに細々とやっていました。

実はその平和運動の中でのちに一緒に活動する湯浅誠とも知り合いました。91年の年末にバブル経済が崩壊し、93、94年頃から都内各地はもちろん、東京だけじゃなくて全国の大都市で野宿をする人たちが増えてきました。東京と大阪で違うのは、大阪は釜ヶ崎という日本最大の寄せ場、日雇い労働者の労働市場があって、ドヤと呼ばれる安い旅館も集中し、野宿する人たちも釜ヶ崎に集まるという状況にありました。一方、東京の場合は、山谷（さんや）地域という寄せ場があることはあるのですが、大阪の釜ヶ崎に比べると仕事も少なくて規模も大きくありません。そのため、バブル崩壊後は山谷にいても全く仕事が無いため、野宿者が都内各地に散らばって、拡散している状況がありました。一部の人たちは上野公園に行ったり、一部の人たちは隅田川の河川敷にテント村を作ったりとか、あるいは一部の人たちは繁華街に行きコンビニやファーストフード店から廃棄された食料を手にしていたりというように、新宿や渋谷、池袋など各ターミナル駅に野宿の人たちが集まっていく状況が90年代の半ばから広がっていきました。

新宿では、91年に東京都庁が丸の内から引っ越したばかりでした。新宿駅から都庁に向かう2本の地下通路に、93年頃から野宿している人たちが寒さから身を守るために段ボールで家を作って住み着き、いつしかそこが新宿ダンボール村と呼ばれるようになっていきました。東京都としては、都庁のお膝元にダンボールの村があるというのは見苦しいと職員が考え、何度かそのダンボール村を強制排除するという事件がおきました。１回目の大きな強制排除は94年の2月ですが、その時私は大学生で、まだ全く野宿の人たちや日雇い労働者の人たちと関わったことは無かったのですが、一緒に運動をやっているメンバーたちでいったい何が起こってるのか、ちょっと見に行こうということになり、ニュースを見て新宿ダンボール村に行き、そこで初めて野宿の人たちと話をしたのが、今日の貧困問題に関わる一番最初のきっかけということになります。

平和運動の一環として路上生活者支援へ

それからもう23年経っていますので、詳細は端折りますけれども、大きく分けて私のこの23年間の活動は三つの時期に分けられるのではないかと思っております。

最初は新宿を中心とした路上生活者、狭い意味でのホームレス状態にある人たちの支援です。生田さんが釜ヶ崎で多い時期には年間３００人くらいの人が路上で亡くなったという話をされましたが、新宿でも同じような状況がありました。新宿は釜ヶ崎ほど人数は多くなかったんですけれども、一番多い時は新宿駅周辺だけで３００人以上が野宿をしていました。新宿区全体では６００人以上が公園や道路で野宿をしている時期があり、その頃には1年間で40人から50人が路上で凍死したり餓死したり、病気で亡くなったりという状況がありました。私は大学生の頃に平和運動をやっていて、１９９１年には湾岸戦争に反対する活動をしていました。イラクという遠い国で人が殺されることに対して私たちの政府が協力をするのはおかしいのではないか、という思いで活動していたのですが、実は自分たちの足元でも人は亡くなっていたということに気づかされました。

戦争と貧困はもちろん違う問題ではあるんですけれど、東京都が追い出しをするとそれによって野宿の人たちの状況がさらに悪化します。追い出しは、冬の一番寒い時に、比較的暖かい地下道から追い出すという形を取りますので、追い出される当事者にとってみれば、より寒いところに追いやられ、より死に近づいていくことになります。ある意味、これは、行政が人殺しに加担しているのと同じことではないかと。私たちの税金が人殺しに使われているという意味では、戦争の問題と同じなのではないかと考えて、自分の意識としては平和運動の一環として、路上生活者の支援に関わってきました。

「自立生活サポートセンター・もやい」を設立

そういう活動をずっと続けて来て、その後は徐々にホームレス支援の仕組みが整ってきて、野宿から抜け出す人も増えて来ました。施設を経由して、アパートに入っていく人も増えてきたのですが、アパートに入るときに連帯保証人がいないという問題があることがわかり、それを何とかしようということで、2001年に「自立生活サポートセンター・もやい」という団体を湯浅誠と一緒に作りました。野宿から抜け出した人がアパートに入れるように保証人を提供するという事業を始めたのです。

「もやい」では、野宿の人だけでなくもっと幅広い生活困窮者の支援活動をやっていこう、貧困問題のプラットホームとしての役割を果たしていこうという思惑もあり、主にインターネット等での発信に力を入れていきました。現在は働いている人たちの３人に１人、４割近くが非正規雇用という状況になっていますが、そのきっかけは90年代から労働法制の規制緩和が進み、派遣などの非正規雇用が増えていったことにあります。

２０００年代の初めの頃には、フルタイムで働いているけれども、最低賃金が低いので生活が成り立たない人たちがたくさんいることがわかってきました。特に東京は家賃も高く、アパートに入るときの敷金・礼金などの初期費用を20万円ぐらい用意しないと入居できないという状況にあります。その結果、フルタイムで働いているけれども自分の住む場所も確保できないという、今で言うネットカフェ難民と言われてる人たちが「もやい」に相談に来るようになったのです。この頃からが第二期の活動と言えると思います。

若者の貧困相談から

初めてネットカフェで暮らしている若者からメールで相談が来たのが２００３年の秋でした。それまでは、野宿の人たち、住まいを失っているほどの貧困状態にある人というのは主に50代~60代で、中高年の日雇い労働者、いわゆるおじさんたちというイメージだったのですが、20代~30代で働いてはいるけれども住まいを確保できない人たちがいるということに当初はびっくりしました。そしてそういう人たちは路上生活には至っていないものの、その一歩手前の状況にあるということが徐々にわかってきました。当時はそういう若者たちの相談を受ける団体は他にありませんでした。メールなどで相談を受けたりする団体というものが他に無かったので、「もやい」に相談が集中するようになり、そうするとその活動が徐々にテレビ等でも取り上げられるようになっていきました。

２００７年には、当時日本テレビのディレクターで、現在は上智大学の先生をされてますが、水島宏明さんという方が「ネットカフェ難民」というテレビシリーズを作って、それが大きな反響を呼び、相談が倍増しました。それから、あれよあれよという間に派遣切りの問題が起こり、「年越し派遣村」が作られて、湯浅誠が「村長」を務めるという流れになっていきます。そんな中で私たちは個々の相談者を支援しながら、国内における貧困問題を可視化するキャンペーンに取り組み、政府としての対応を求めていくという活動をやってきました。

住宅政策と生活保護を重視へ

その後の第三期ですが、２０１４年に「もやい」の理事長が世代交代します。その時にたまたま中野区内にビルを持つオーナーさんから「ビルの3階フロアが空いているので、困ってる人のために使っていただきたい」という非常にありがたい申し出があって、空き家や空き室を活用した住宅支援に乗り出し始めました。そういう形でいろいろ団体を変えながらですが、ずっと生活に困っている人の支援を続けてきました。

そうした支援活動を続けながら、制度・政策に対する働きかけも行なってきました。特に私が重視してきたのは、住宅政策と生活保護です。

貧困問題に取り組んでる人は近年、増えていますが、どちらかと言うと、福祉的な視点で関わってる方や、労働問題として関わっている方が多いと思います。しかし、ホームレス問題や派遣切り問題は住宅問題としての側面があるにもかかわらず、住宅問題として取り組んでいる人があまりいなかったということもあり、２００９年に「住まいの貧困に取り組むネットワーク」という団体を立ち上げて、住宅政策の転換を求める活動を始めました。

もう一方の生活保護問題については、全国の法律家や研究者、ＮＰＯ関係者、生活保護の利用当事者らでつくる生活保護問題対策全国会議という団体があり、私は同会議の幹事として生活保護を権利として確立する運動に取り組んでいます。日本では生活保護は「受ける」ものであって、「利用する」という観点が弱いと感じてきました。当事者の方もよく「お上のお世話になる」というような言い方をされるのですが、そういう受け身の姿勢ではなく、困った時には誰でも権利として利用できるものにしていきたいと考えています。2012年以降、生活保護の利用者に対するバッシングが流行したり、基準が引き下げられたり、法律そのものも一部改悪されるという事態が進行してきましたが、そうした動きに対して、当事者に近い立場で声をあげてきました。

以上、23年間の活動を簡単に振り返るとそんな感じになります。

正しく知ることが大事

芦田　ありがとうございます。お二人とも、路上生活をしている人たちを支援されてきた。今も30年前も路上で亡くなっている方がいらっしゃるという事実を問題だと捉えられていることが共通点ですね。みなさんは路上で人が亡くなっていることを知っておられたでしょうか。例えば、年間に1回くらい餓死が大きなニュースになりますが、実はニュースにならない形でたくさんの方が亡くなっているという現実を頭の中に入れておく必要があると思いました。

また生田さんのお話では、路上で生活されている方々というのは非常に働き者だとありましたが、そういうことも一般的には理解されていませんね。むしろ「怠けている人たち」という認識なのかなと思うので、正しく知っていくのが大事だと思います。

さて、生田さんも稲葉さんも路上というところから出発しているんですが、その後については生田さんはずっと路上に関わりながら、一方稲葉さんは活動の幅を広げられてます。お互いどうでしょうか、自分と相手の方と比べて共通点とか相違点とか、何か思われる部分がありますか。

野宿や貧困問題を授業で

生田　共通点の一つは学校での授業です。僕も稲葉さんも10年以上前から、学校で野宿問題や貧困問題の授業をやっています。野宿や寄せ場の現場でこういうことをやってる人はほとんどいないんです。現場の活動が優先で、学校で伝えることは二の次三の次になっていて、学校で話すことにあまり関心を持たれない。

僕たちがなぜ関心を持ったのかというと、やはり野宿者襲撃事件があるからです。ご存知の方もいると思いますが、野宿の人が頻繁に襲われて、エアガンで撃たれたり石を投げられたり、寝ているところにガソリンをかけられ火を点けられたり、またバットで殴られて骨折させられるとかの事件が続いていました。襲撃事件で何十人が殺されていますが、なぜか事件がほとんど報道されないという問題があります。

そして、襲うのはほとんどが10代の少年グループです。そこから、学校の授業という形で襲撃を阻止したいということと、野宿者に対する偏見を解かなきゃいけないということがありました。２０００年当時、そういう授業をしているのは関西では僕しかいませんでした。全国でも、僕の知ってる限りでは北村年子さんと稲葉さんだけだったんですね。最初に会って話したのは十数年前でしたね。

稲葉　そうです、最初は。

生田　そういう意味では、離れた現場で活動していたけれども、似たようなことに関心を持っているんだなっていうことがありました。

野宿者の状況と「カフカの階段」

稲葉　東京でも95年以降になると、野宿の人が増えるのに並行して、襲撃事件が相次いで起きました。これを何とかしようということで、ルポライターの北村年子さんやドキュメンタリー映画監督の飯田基晴さんと一緒に授業を始めたのが98年～99年頃でした。野宿者問題の授業ということで、各地の学校を、最初は知り合いの先生たちに声をかけて授業をさせてもらいました。その頃、すでに大阪では生田さんが同様の取り組みを始められていました。生田さんがいつも野宿者の状況を説明するために使っている「カフカの階段」という図があります。みなさん、ご存知でしょうか。これは見ていただく方が一番いいと思うので、生田さんのホームページを見てもらうか、「カフカの階段」と検索するといいかと思いますが、私もそれをそのまま講演や授業で何度か使わせてもらっています。今日も販売されてますけど生田さんの『釜ヶ崎から　貧困と野宿の日本』（ちくま文庫、２０１６年）という本があります。もともとの単行本は何年の発行でしたかね？

生田　２００７年ですね。

稲葉　野宿者がなぜそういう状況におかれているのかとか、野宿の人がよく言われる言葉などをこの本やホームページにもすごく緻密に書かれてます。私は野宿の問題を解説した本を出してないんですね。書こうと思った時期もあるのですけど、生田さんが全部やってくれているので、まあいいかなって感じで、むしろ

２０００年代以降のネットカフェに暮らしている若者たちや友達の家を転々としている人たちが増えてきた状況を受けて、これは野宿だけの問題ではなくて住まいの貧困という問題があるんじゃないかと思い、『ハウジングプア』（山吹書店、２００９年）という本を出したり、あともう少し根っこに、日本社会における社会保障の位置づけという問題があるのではないかと考え、生活保護に関する本を出すなど、常に大阪のみなさんの動きも見ながら、じゃあ私はこっちをやろうかという感じでやってきたという部分はありますね。

見かけで判断するという差別

芦田　襲撃事件のことが話題になりましたので、少し私の経験をお話しします。15～16年前のころですが、人通りの少ない駅の階段に路上生活の方が寝ておられたんですね。私は「寝ておられるな」と思いながら、声をかけることもなく階段を降りてたんですけど、後ろから勢いよく中年のサラリーマンの方が駆寄ってきて「怖いですね！」って言って去って行かれたんですよ。私はよっぽどその人の方が怖かったんです。寝ていた方は別に何もされませんでしたが、勝手に怖いというイメージを一般の人が持っているんじゃないかと思います。そういうことはありますか。

生田　なぜか怖いと思っちゃうんですかね。まあ、テントで住んでると姿は見えないし、夜は真っ暗でどんな人がいるのかわからない。それに、時々見た目も普通と違ったりするので、子どもがなんか怖いなって思ってしまうのもわからなくはない。だけど、子どもたちが夜回りなどで野宿者の人に声をかけて話すと、普通に優しく対応してくれます。あたりまえだけど、多くの人が普通に親切な人なんです。実際に会って話せばわかるのに、見かけだけで判断するという典型的な差別があるわけです。でも、その背景にはやはり「探せば仕事はあるはずだ」という自己責任論があると思うんです。野宿の人は私たちとは何か違う人間だという差別感があって、それが襲撃の最大の原因の一つになっていると思います。しかも、貧困者に対する差別が「野宿者襲撃」からさらに「生活保護バッシング」という形で拡大しています。僕はあれは貧困者に対する「ヘイトスピーチ」と言うべきだと思うんです。

「まなざしの格差」の問題

稲葉　差別の問題ということですが、日本における貧困の現れ方というのは、社会的な差別と非常に分かちがたく結びついていると感じます。ホームレス問題の経緯について先ほどお話ししましたが、みなさんの中にはそんな前から問題があったんだと思われる方もいらっしゃるかも知れません。90年代以降、ホームレス問題が深刻化し、東京でも大阪でも路上で人が亡くなるような現象が広がってきました。でも当時それを貧困問題だと言った人はほとんどいなかったんですね。それは、私たちの社会が「まあ、あれはあの人たちの問題だよね」「釜ヶ崎など一部の地域の問題だよね」と、その人たちの置かれてる状況について、私たちの社会の貧困問題であると捉える力というのが弱かったのだと思います。

それに対して、2000年以降さらに貧困が広がり、50代、60代の日雇い労働者だけでなく、20代、30代の若年労働者も仕事がなくなるという状況の中で、2006～2007年頃から貧困問題の可視化、表に見えるようにすることをスローガンに活動を続けてきました。それが「年越し派遣村」で社会的な注目がピークに達し、「派遣村」以降、日本国内に貧困は無いと言う人はさすがにいなくなりました。それはある意味、運動の成功であると言えます。

しかし当時、湯浅もそうだったと思うんですけど、私も含めて90年代から野宿者支援をやっていたメンバーはちょっと複雑な思いも持っていて、「まなざしの格差」とでも言うべき問題を感じていました。同じ貧困を見るにしても、50代、60代のおじさんたちが野宿になっていっても、それはあまり社会的な問題としては認知されなかった。ところが20代、30代の若い人たちがそうなると、当時の新聞や週刊誌の論調が、「これからの日本社会を担う若い人たちがこんな状態になっている。可哀想だ」と言うようになり、社会的な関心がバッと広がっていきました。世論が社会的な問題として対応しなくちゃいけない、政府も動かなくちゃいけないという風潮になっていったというところは、もちろん運動的には成功なんだけれども、90年代の状況と比べると、同じような構造のもとで起こっている貧困問題であるにもかかわらず、「まなざしの格差」があると感じましたね。

同じことはジェンダーの問題でも言えます。２００９年初頭に「年越し派遣村」の直後で、「もやい」の現場もほんとにごった返していて、全国から生活に困った人が押し寄せて来た時期がありました。その頃、東京でＤＶ被害者など女性の相談に乗ってきた団体の方々が話をしたいと言って、事務所に来られたことがあります。彼女たちの口から出た話は、女性はもともと貧困だったんだということでした。テレビや新聞は、若年の男性が非正規で働くようになって貧困化して大変だと騒いでいるけれども、女性はずっと非正規で働いてきて貧困だったのに、なぜ注目されないのか、という話をされたのが印象的でした。

また、テレビに流れた「年越し派遣村」の映像では、厚生労働省の講堂で約

500人が雑魚寝していて、あれでは女性が困っていても相談に行けないのではないか、という問題提起もありました。実際には若干名の女性の相談があり、個別対応をしていたと聞いていますが、支援をする側にジェンダーの視点が必要だということを教えてもらいました。

そういった意味で、ジェンダーについても「まなざしの格差」があったのだと思います。

芦田　「まなざしの格差」という言葉が出てきましたが、生田さんは何か感じられたことがありますか。

若者の貧困は注目されたが…

生田　稲葉さんが派遣村について複雑な気持ちがあったと言われましたが、僕たちも複雑でしたね。派遣村であったことは釜ヶ崎ではもう40年以上「越冬」という形で続いて今も毎年行なわれている。だけど、それについてはほとんどマスコミは報道しないし、世間からも注目されてない。その一方で、派遣村についてはなぜあんなに報道したのかよくわからないなというのがありました。もちろん報道されたのは良かったんですけどね。だけどあれが終わって今度は釜ヶ崎に注目が集まるかというとそうはならないわけです。やはり、派遣村でなぜあれほど貧困問題が話題になったかというと、若い男性が野宿になったからです。

特にフリーター問題ということで注目されましたが、確かに多くの若い男性がフリーターにしかになれないのは大きな問題だけど、女性はパート労働という形でずっと非正規労働をしてきていましたが、そのことは全く問題視されていませんでした。ですから、若い男性が主役にならないと社会は注目しないのかという疑問はあったと思います。振り返ってみると、もともと日本で集中的に貧困状態にあったのは日雇い労働者と母子家庭です。いずれも、国家からの社会保障が手薄で、家族から援助がなくて、仕事も低賃金で不安定だったからです。

あともう一つが外国人労働者です。山谷にも釜ヶ崎にも１９８０年代にはたくさんいて、ぼくもよく一緒に仕事に行きました。この人たちは、まず外国人であるために国家から社会保障を受けることができませんでした。そして、外国人であるために、正規社員になることができず、日雇い労働しか仕事がなかった。さらに、家族の支援を受けることができません。行政からも家族からも企業からも支援がないと、多くの人は貧困に落ちいって野宿になりやすくなります。釜ヶ崎でも外国人労働者に対する支援が続けられていましたが、当時ほとんど社会問題にされませんでした。それが、若い日本の男性たちが貧困と野宿問題に直面する事態が2007年あたりから全国化して、社会問題化したということですね。

大規模な貧困問題の本番を迎えている

この状態を見て僕が思ったのは、自分が今までやってきたのは何だったのかということです。つまり釜ヶ崎で日雇い労働をしたり、労働運動や支援活動をしてきたけど、それはどういう意味があったのかと考えました。一つは、もしかしたら釜ヶ崎の問題は、非正規雇用と貧困、野宿の問題のリハーサルじゃなかったのかということです。つまり、釜ヶ崎の労働者がリハーサルをやって、今、若年、壮年の人たちがはるかに大規模に本番を迎えているということなんです。そう考えると自分がやってきたことも、今の社会の在り方もはっきり見えてくると思いました。

だとすれば、釜ヶ崎で問題が解決できないとすれば、日本全体でも解決することはできません。釜ヶ崎では結局、非正規雇用の労働者が高齢化などで生活できなくなった時、その人たちにどう社会保障を行なっていけるのかということについては全く解決できなかったわけです。

今の日本全体でもこの問題は全く解決されていません。場当たり的に生活保護が唯一無二、最初で最後のセーフティーネットとされているだけで、一旦これが崩れるとまた派遣村の再現が起こります。今だって、失業率が下がり続けていますが、そのほとんどは非正規労働者が増えている効果によるので、いずれ不況になったとき「派遣切り」が大規模に再現されるかもしれないんですよね。釜ヶ崎ができなかった問題をどうやって今の日本全体で解決するのか。非正規労働問題や、あるいはひとり親家庭の生活保障をどう解決していくのかということが問題になって来ていると思います。

「なんで逃げへんの?」と言われても

芦田　ＤＶ被害者支援をしている中で、周りからＤＶ被害者に対してよく言われるのが、「なんで逃げへんの?」という問いかけでした。それができない背景はいろいろ複雑に絡み合ってるんですけど、一つは離婚した後の生活が成り立たないのが目に見えている状態で、確かに殴られるんだけれども、何とか生きることができるという中で、離婚をすればそれすらできないかもしれません。やはり母子家庭の貧困というのは現実には、本当に生きるか死ぬかということになり、亡くなっている人もいます。

またそれだけではなく、離婚に対する偏見もあり、努力が足りないとか、子どものことも自分の力で何とかしなさいと言われます。だから何とかしようと思う人もいるけれども、何とかしようと思っても、やる気だけでは解決しないことはいっぱいあるんですね。やる気を出そうにもある程度経済的に安定してる状況じゃないとやる気は出ません。だから離婚せずに留まっていることがあっても、私は一概に別れろとも言わないし、別れるなとも言いません。本人にそういうことは決めてもらうという立場で支援をしてきていますが、貧困問題が無ければもっと離婚している人はいるんじゃないかと感じます。

世帯単位という限界

稲葉　野宿者支援の現場では、女性で野宿をしている人が圧倒的に少ないです。ある行政の統計では女性で野宿している人は野宿者の3％ぐらいだそうです。確かに現場で見ても多くても数％かなという感じで、少ないですね。中には女性だけど危険なので女性だとわからないように着込んでいる人もいます。もともと非常に少ないのです。

それは何でだろうかといろんな人と話をしてきましたが、今、言われたように女性は屋根の下で抑圧されることが多いのではないかということを考えています。丸山里美という立命館大学の先生が女性のホームレスの聞き取り調査などされていますけど、丸山さんが最近指摘されているのは、女性は貧困にすらなれないという現実です。貧困というのは生活保護の認定でもそうなんですけど、世帯単位なんです。一緒に暮らしていると同じ家計だから、例えば家族で親子３人で年収が１０００万円あれば、それはまあ当然貧困ではないという扱いになるんだけども、父親が妻子にお金を与えていない、経済的なＤＶをしているという場合もありうるわけです。そうするとその女性や子どもは事実上の貧困状態にあるんだけれど、世帯単位で貧困を見ている限りではその貧困は見えません。すると貧困にすらなれないということがあって、これは家族という単位で見ている限界だと感じています。

芦田　今、経済的ＤＶについて話されましたが、実際にすごく男性に収入があっても女性に全く渡さないとか、これで何とかしなさいって毎日５００円ずつ渡されるとか、そういうケースもあります。例えば外食に行っても、妻を車の中で待たせて夫だけ食べて帰るという事例も聞きました。また周りから「すごいいい人と結婚したわね」と言われたら、実際は暴力を受けいても、生活が苦しくても、それをやはり言えないこともあります。「夫がすごくいい人」という評価を受けてたりすると、言ったところで信用してもらえないところもあり、なかなかそれを言い出せず、ずっと何十年としんどい思いをしてきて、夫が亡くなってようやく自由になったというようなケースも聞きます。その夫がいるために「貧困にすらなれない」というのは私も感じるところです。

見えない女性の野宿者

生田　僕も女性から相談を受けることがあります。夫の暴力から逃げたいけど、離婚したとしても、今まで働いたこともない、あるいは働いた経験が少ないので経済的にやっていけるかどうかわからない、だから別れることができないといった相談です。生活保護が受けられるかどうかもわからないし、生活保護には抵抗がある、という人も多いです。こんな感じでＤＶを我慢している女性が多い。全国で野宿になった女性のかなりがＤＶで逃げて来たことによると言われますが、ＤＶ問題の深刻さを感じます。

野宿の女性は夜回りでもあまり見かけません。ただ、福祉事務所に来た野宿の人の中では女性の比率が25％と言われているので、見えない形で野宿を続けていることになります。僕が聞いた例では、「マンションの非常階段の踊り場で寝ていた」

という人がいましたが、かなりの人が見えない形で街をさまよっているのではないでしょうか。

女性の野宿者と男性の野宿者の違いもあります。男性の野宿者の多くは、昔の職場や家庭に戻ることを望むんです。つまり、昔は日雇の仕事がいっぱいあってよかったなあとか、なんとか会社に戻りたいとか。そして、昔は妻子がいて幸せだったと言うわけです。一方、女性の野宿者の多くは、ＤＶに苦しんだり、劣悪な労働条件で働かされていたりして、「あんな職場に戻るくらいなら野宿を続けます」「あの家に戻るくらいなら死にます」となります。こうした女性にとっては、ケタオチ（劣悪）職場やＤＶ家庭より野宿の方がはるかにましなんですよね。つまり、社会の中での女性の立場があまりにも低いために、野宿の方がましになっている。そうなると、野宿からのいわゆる「社会復帰」ってなんなんだろうと思ってしまいます。今日のテーマは「普通の暮らしって何なんだ」ですが、「普通の暮らし」は、実は野宿よりはるかに悲惨でありうるということです。

稲葉　東京では２０００年代に入って、ネットカフェで暮らす人が増えましたが、２０１３年には「脱法ハウス」という窓のない２畳、３畳の空間を月５万円ぐらいで貸し出すというビジネスが広がり社会問題になりました。いわば、パソコンのないネットカフェというイメージです。そこにも、ネットカフェ同様、アパートを借りる敷金・礼金が用意できないとか、保証人がいない人たちが暮らしています。

こうしたネットカフェや「脱法ハウス」にいる人の男女比を見ると、路上よりも女性の割合が多いことに気づきました。ネットカフェの場合だと全体の2割ぐらいが女性です。「脱法ハウス」になると、男女が半々くらいになります。

数年前にシェアハウスがブームになった時期があり、シェアハウスが若者たちの新しいライフスタイルだということで、テレビなどで持ち上げられたことがありました。でもそのシェアハウスの中にもピンからキリまであって、確かにおしゃれなところもあるけれども、実際にはとても狭い空間の中にズラっと2段ベットを並べているだけというような、昔のタコ部屋に近いシェアハウスもあります。「脱法ハウス」の中には、窓が無かったり、物盗りのような被害が多発していたり、ちょっと家賃が遅れただけで追い出されてしまうような所もあるのですが、そういう所に暮らしている女性も多いのではないかと思います。

ただ、ネットカフェや「脱法ハウス」のような場所に住んでいる人たちの実態調査がされていない、という問題があります。日本で「ホームレス」と言うと、路上や公園や河川敷などの屋外で寝ている人たちだけが「ホームレス」だと定義されているので、行政の定義ではネットカフェで暮らしている人は「ホームレス」ではない、ということになります。ましてや「脱法ハウス」で暮らしている人たちも「ホームレス」じゃない。「ホームレス」の定義を広げ、不安定な居住形態で暮らしている人の全体像がわかる実態調査を実施すべきだと求めているところです。

「当たり前の生活」とは

芦田　ホームとはいったい何なのかという問いも大切ですよね。先ほどの「脱法ハウス」の場合、窓もなくて、スペースもすごく狭い場所をホームにすることが私たちの望む生活なのかということですね。当たり前の生活、普通の生活とは人によって違うと思うんですが、これぐらいは当たり前だよねという共通したレベルの生活とはどんなことなのかと考えますね。例えば観たい映画を月に１本ぐらいは観に行ける、たまには舞台も観に行けることを当たり前の生活として考えるのか、あるいはとりあえず食い繋げればいいやというところを当たり前の生活とするのか、私たちの生活の基準をどこに置くのかがポイントになる思ったのですが、どうでしょうか。生田さんにとっての当たり前の生活とはどういう生活ですか。これはそれぞれ個人の思いですが、どういう社会になっていけばいいのかという将来的なビジョンはありますか。

生田　住居問題では、「脱法ハウス」などのように住宅環境が悪化しているのは確かです。釜ヶ崎などの寄せ場で多くあったのがドヤ（簡易宿泊所）でした。2000年代以降は、ドヤを改装してアパートに転換して、そこに野宿から生活保護になった人がいっぱい住むようになりました。でも、ドヤって2～3畳ぐらいで、布団やベッドを置いたらそれでいっぱい。でも、大きさは変わらずに内装だけ変えてアパートって言ってるんですよね。それでも家賃が4万円ぐらいです。なぜそんなところがアパートとして認められるかというと、「野宿だったんだからドヤで十分だろう」「一般のアパートではなくて、元々ドヤだったところに入りなさい」という行政の判断があったからです。こうして、多くの野宿の人たちがドヤへ移りました。今は生活保護を申請すると普通のワンルームマンションもあるけど、以前はそれしか選択肢が無かったから、ぼくたちも仕方なくそういうところを紹介していました。でも、今となっては申し訳ないなと思ってしまいます。

生活保護と野宿の境界がなくなった

いま、生活保護は切り下げが続いています。江戸時代に農民は「生かさぬよう殺さぬよう」と言われてましたが、それと変わらないんじゃないでしょうか。ぼくたちは野宿から生活保護でアパートに入った人への訪問活動をしていますが、みんな困るのが、冷蔵庫とか炊飯器とかエアコンとかが壊れた時です。あと、布団が使えなくなった時とかね。みんな、貯金がほとんどないので買い換えることができない。それで、例えばコインランドリーを使ったり、ご飯を買いに行ったりしてかえってお金がかかるようになる。健康で文化的な生活って、ある程度の生活ができて、なおかつある程度の貯金ができる状態だと思うんです。そうじゃないと、現実として生活が破綻してしまうんです。あと、親兄弟が亡くなったときとかの冠婚葬祭に行くお金がないと、親戚関係が切れてしまいます。切り下げによって、ギリギリの生存しかできなくなってるわけです。こうした情け容赦の無い切り下げが２０１０年代になって続いているのは、やはり生活保護バッシングと呼ばれる「ヘイトスピーチ」の問題が絡んでいると思います。

それと、野宿の人がアパートに入って暮らしても、再び野宿になる人がかなりいます。なぜかと言えば、アルミ缶集めや段ボール集めなどや日雇い労働をしなくていいので、働く生きがいがなくなるんです。それから、生活保護申請をすると、「あなたの親族の誰々さんが生活保護を受けたけど経済的援助をしてくれませんか」という扶養紹介が行ってしまう。生活保護を受けることがわかって、親族関係が切れてしまうという人も多いです。あと、最近は野宿の人も生活保護を受けるとワンルームマンションとかに移るんだけど、そういう場所には普通に年金暮らしをしている人が住んでいて、顔を合わせると「おたくも年金かね」とか言われる。「いえ、元野宿で生活保護受けてます」とは言いにくいので「ええ、まあ」とか返事をしたり、それから、部屋を出て他の人と顔を合わせるのが苦痛になって、野宿に戻ったという人もいました。結局、生活保護になると、仕事関係、親族関係、それに地縁が切れてしまう。社縁、血縁、地縁って言いますけど、それが全部無くなって社会的に孤立してしまうわけです。最近は、釜ヶ崎近くで夜回りをすると、野宿の人の3割ぐらいが元生活保護の人たちになっています。野宿と生活保護の境界がなくなったような状態です。そうなると、野宿をしているのと生活保護を受けているのと、どっちがいいだろうかと思うことはあります。

「経済的貧困」と「関係性の貧困」

そこで何ができるのかというと、稲葉さんが「もやい」から始め、それを今も続けておられるように、生活保護になった人たちの生きがい作りや社会関係づくりをやらなくちゃいけない。野宿者ネットワークでも野宿から生活保護になった人の集まりを開いたり、アパートに入った人の訪問などもやっていますが、そんな形でなんとか社会関係を作っていきたいと思っています。

僕たちは「野宿」という「経済的貧困」を解決しなければならない問題として取り組んできたんだけど、もう一つ、社会的な「関係の貧困」も問題としてあって、その二つを解決していかないといけない状態です。ボランティアとして一生懸命やっているんだけど、とても釜ヶ崎の2万人近い生活保護の人たちには対応しきれない。ある程度社会的に取り組んでいかないと、規模からいってもとても間に合わないんです。それをどう作っていくかということが大きな問題だと思います。

稲葉　生田さんが言われたとおりですけれども、最後にキーワードとして出ていた「経済的貧困」と「関係性の貧困」という言葉についてお話しします。おそらく90年代ごろから各地で野宿者の支援をやってた人たちが、ほぼ同じ頃、この二つの貧困の問題に気付きました。それが90年代には野宿をしている中高年の男性の問題として現れていた問題だったのが、今は年齢層としてはさらに広がっていると思います。

東京にはいわゆるＪＫビジネスというものがありますが、この問題に関して「女子高生サポートセンターＣｏｌａｂｏ」という団体が女子高生の相談に乗り、「衣食住」と「関係性」の支援を行なっています。代表の仁藤夢乃さんが言っていたのは、女子高生たちが置かれている状況は、まさに「経済的貧困」と「関係性の貧困」という二重の貧困状態であり、ホームレスの人たちと同じだということでした。

生田さんが残念ながら私たちの社会が釜ヶ崎で解決できなかった問題が全国化していると話されましたが、それはもう「経済的な貧困」だということだけじゃなくて、「人間関係の貧困」、「関係性の貧困」という問題も、かつては寄せ場やホームレスの人たちだけの問題だったかも知れないけれども、それが今やさまざまな世代、さまざまな階層の人たちに広がっているという状況ではないかと思っています。

寄せ場には共同性があったが

私が特に若い人で貧困状態にある方たちが辛いだろうと思うのは、これは幻想かも知れないけれども、かつての釜ヶ崎や山谷などの寄せ場には、確かに「絶対的貧困」、人が飢えて死ぬ貧困があったんだけれども、一方では労働を通しての共同性、一緒に仕事に行くことで培われる共同性があって、それが例えば寄せ場の中で悪徳手配師をみんなで追放しようというような力強さとして表れた面もあったのではないかと思うのです。

その一方で、今、例えば派遣労働をしていて、ネットカフェで暮らしている若者たちの状況を聞くと、同じような人がたくさんいるんですよね。最近、私たちのシェルターに入った30歳の若者が言っていたのは、ネットカフェの中に長期滞在している人ばかりが集められるフロアがあって、そこのフロアにいる人たちはたぶん同じような境遇の人たちなのだろうけど、薄い壁を隔てて隣にいる人との接点が無いということでした。もしかすると同じ状況にあるかもしれないし、話し合ってみると同じような労働状況だったり、同じような生活の状況だということがわかり、そこで何か繋がりを作れれば、その状況に対抗できるような力が生まれるかも知れないんだけれども、出会うことがない。その難しさを感じることはあります。

芦田　声をかけようと思わなかったでしょうか。

稲葉　それはできないと言ってました。

芦田　たぶんそうかな、というようなことはあっても、確信が持てない状況では声をかけることは難しいのですね。

孤立が人を苦しめる

稲葉　当事者の多くは、自分がネットカフェで暮らさなければならない状況になっていることを恥ずかしいと感じているので、仕切りの向こう側にいる相手もそうだろうと思っています。でも一方でなぜ彼が相談に結びついたかというと、ネットを利用していたからです。元々ずっと派遣の仕事をしながら給料を週払いにしてもらい、それでネットカフェ代を払って生活していたんだけど、週払いにするにはホームページをクリックしないといけなくて、そのワンクリックを忘れてしまい、気づいてみると給料が入ってくると思った日に入ってこなかった。ちょうどそれが3月の3連休だったんですが、3連休中ずっとお金がなくて、ネットカフェ代を払えない状況でした。彼はブログを書いていて、「今日からホームレスになります」とブログに書いてから、ネットカフェを出たんです。それからスマホで支援団体に関する情報を集めて、ブログを見た知人のアドバイスもあり、支援につながることができたのです。

芦田　私も経済的な貧困と人間関係の貧困はどちらも深刻な問題だと思います。私が関わってるシンママ大阪応援団で出版した本があります。ぜひお読みいただきたいのですが、そのタイトルを何にしようか考えて、ひとりぼっちにしないことが大切だということから『シングルマザーをひとりぼっちにしないために』（日本機関紙出版センター）に決まりました。支援をしていくなかで、孤立が人を苦しめていくものだなと実感しています。シンママ大阪応援団では、ネット経由で相談を受けているんですけど、「シンママ」とはシングルマザーのことです。若い人の間ではシングルの母親や父親のことをシンママ、シンパパと言うんだということを教えてもらいました。実際に、なぜここにたどり着いたのって聞くと、「シンママで検索した」という若いシングルマザーの方がいらっしゃいます。

そのシンママさんもやっぱりお金のことを本当にどうしようと思ったんだけれども、このどうしようって思う気持ちを支えてくれる人が欲しかったと言います。どっちもいるということです。本当にその両輪で保障されないと、どっちかだけだとしんどいのだと実感として思います。そしてネットというものは、若い人たちにとって重要なツールになると感じました。

シンママ大阪応援団に繋がってくるシンママさんはみんなパッと見ただけでは全然困窮しているようには見えません。むしろ身綺麗にされている今どきのお母さんです。でも聞いてみると、とてもおしゃれに着こなしている服でも全身で１５００円しかかかっていないとか、１００円均一のコスメ使って化粧しているとかそういう状態で、やはり困窮している状態を悟られないように気をつけられています。先ほどもそんな話がありましたが、「恥ずかしい」ということを口にされる人は多いのですか。

生活「保護」ではなくて生活「保障」

稲葉　生活に困窮していることを知られたくないという人は多いですね。私たちのような民間の団体に相談に来るまでに高いハードルがあるんですよね。最終的にどうにもならないとなって初めて、支援につながる人が多いと感じています。また、今の社会の仕組みの中で、困窮状態にある人が使えるものはほぼ生活保護しかない状況なので、私たちは生活保護の申請を勧めますが、やっぱり生活保護に対するマイナスイメージがありますし、若い人で生活困窮してる人の中には家族と上手くいっていない方が多いですから、生活保護申請すると家族に連絡が行く扶養照会があるので、それが嫌でためらう方が多いのです。ですから制度自体をもっと気軽に使える制度にしてほしいと思ってますし、制度にまとわりついているイメージも変えて、誰でも困った時にはスっと使えるようにしていきたいと思っています。

生田　生活保護という言葉もおかしいわけで、本来は生活保障です。保護と言うと、強者が弱者を保護してあげるというイメージです。生活保障法、あるいは生活権利法と変えていくべきですね。

芦田　もともとGHQはアメリカの社会保障法（Social Security Low）のようなものを作るように指示したんですが、日本側が社会はなじみにくいので生活にして、さらに保障が保護になり、結果、生活保護になったと読んだことがあります（木村敦編著２００８『社会保障』学文社）。この「保護」という言葉に付く恩恵的なところをちょっと残したかったのではないかと思ったりしますね。

生田　それから受給者という言葉ですが、最近僕たちは生活保護利用者と言っています。利用者という表現が良いだろうと思います。

芦田　言葉のイメージは大きいですよね。生活保護を受けているというと、すごく受け身に取られてしまうけれども、これは私たちの権利ですからね。健康で文化的に生きていく権利が保障されているので、堂々と利用するということ、当たり前のことだと思うことも一つじゃないでしょうか。自立、自立ってよく言われますけど、自立の概念も人によって異なる。その人が決めた人生、生きていくときに一刻だけ生活保護を利用するということもあっていいし、もっと気軽にって言うと軽い感じがするかもしれませんけど、でも今ほどためらいを持つ必要は全くないのかなと思います。ではここで一旦休憩時間に入りますが、休憩前にお二方、宣伝したいことなども合わせて何か言っておきたいことはありますか。

これから増える外国人の貧困問題

生田　『フリーターズフリー』という雑誌があります。ぼくと栗田隆子さんや大澤信亮さん、杉田俊介さんたちとで、有限責任事業組合として作った雑誌です。1号、2号はアマゾンなどでも売ってますが、3号は手売りしかしてません。ここで買わないと当分買えませんから、買ってもらうとありがたいです。

稲葉　先ほど生田さんが外国人の貧困の話をされてましたけれども、この間、ヨーロッパではシリア難民の受け入れをめぐる議論があり、アメリカでもトランプ政権による移民への締め付けがあって激しい抗議デモが起きています。私たちは欧米で起こっている政治的な動きを対岸の火事のように見ているけど、実は東京では難民申請者がホームレス化してしまうという状況が広がってきています。難民支援協会という団体と意見交換をする機会があるのですが、日本にもシリア難民の方が数は少ないけど入って来ています。アフリカ諸国から政治的な理由で難民として入ってくる人もたくさんいます。ところが日本の難民の認定制度は世界一厳しく、ほとんど認めません。シリア難民ですらなかなか認めないという状況があって、どうしてもステイタスが不安定になっている。また、難民申請後、６カ月間は働いてはいけないことになっていて、要件を満たした人に「保護費」という少額のお金が外務省から支給されていますが、「保護費」の申請結果が出るまで３カ月程度かかります。するとその３カ月間はホームレス化してしまう難民申請者が出てきて、難民支援協会などの民間団体が自費でシェルターを用意しているものの、追いついていないという状況があると聞いています。

こうした外国人の貧困問題が顕在化してくるのは、これからだと思っています。難民として入ってくる方、あるいは移民的な立場で入ってくる方も含めて、私たちがきちんと向き合っていかなければならない問題です。外国人の生活保護については、生活保護法を準用するという扱いになっていて、未だに権利として認められていません。日本政府がこれだけ排外的な難民政策を取っている一方で、日本社会の中でレイシズムが巻き起こっていることはほんとに腹立たしい状況だと思いますし、生活困窮者支援に取り組んでいる人たちも、外国人の置かれている状況を貧困問題として取り組んでいく必要があると思っています。

芦田　はい、ありがとうございます。これで第１部のセッションを終わります。

第2章　質問に答えながら考える

芦田　後半は参加者のみなさんからの質問に答えていただく形になりましたので、質問の内容に関しては本人が特定されないように要約し、掲載させていただきます。

【質問1】

生活保護の引き下げが年々少しずつ行われています。国民の中には生活保護を受けていらっしゃる方に対する偏見があります。明日は我が身というようなギリギリの人が、ギリギリの人を叩いてるという、このような状態が心配です。さらに国の生活困窮者支援の制度が、社会保障を脇に置いて、見かけはきれいですがみんなで支える仕組みを作って「地域にある力を生かしてやりましょう」というような国家責任が後退する政策がでています。それに抗って頑張り続けられる良い方法をアドバイスいただけると助かります。

社会を変える視点と仲間の存在

生田　生活保護への偏見は、お金持ちにもあるけど、生活が厳しい人に結構強かったりします。「自分はこんなに必死な思いをして働いても生活が苦しいのに、生活保護をもらっている人たちは楽して暮らしている」と思ってしまうんです。でも、そうやって生活保護の人の生活を引き下げると、貧しい人どうしの「足のひっぱりあい」になってしまいます。冷静に考えれば、非正規労働者の労働条件を改善するとかして貧困を解決し、社会全体として底上げをした方がいいんだけど、なかなかそうならないのがもどかしいです。そもそも、いま政府が言うように日本はここ数年好景気なら、最低限度の生活である生活保護基準を上げるのが当然なんですけどね。

言われるように、国家責任が後退しているのも確かで、貧困問題に限らず、ひきこもりや母子家庭、障害者についても「困っている個人をまわりが助けて自立させてあげる」という「自立支援」が言われるけど、「貧困は社会の問題だから社会を変える」という方向にはなかなか進みません。「社会復帰」もよく言われるけど、社会のあり方は変えないで、野宿者やひきこもり、母子家庭の人たちにだけ「社会復帰」の努力を求めるのは変な話です。

現場の話で言うと、基本的にやればやるほど、どんどん苦しくなっていきます。どうしたらいいのか、僕にもさっぱりわからない。ただ、一緒にやってくれる仲間がいることが大きいと思います。当然ながら活動は1人ではできないので、一緒に動いてくれる、夜回りを行ってくれたりする仲間がいることが大きなことかなと思います。

そして、僕たちは毎週夜回りをしていますが、その中でも路上で死んだり襲撃で殺されたりする人がいるわけです。路上死や襲撃殺人があったとき、集会を行なって亡くなった人に花を供えたりして悼むんですが、死んでから何かしても遅いので、日ごろの関わりでできることをし続けなければいけないんだと思うんです。夜回りをやっていると、そこで野宿している人たちとみんな顔見知りになっていきます。たとえば明日は台風が来るとなったら、あの人はどうしてるのかなとか、寒くなってくると、あの人は寝袋もないけど寒くないかなって気になってきます。そんなことで、知り合いや顔見知りの野宿の人に対して、どういうふうに声をかけたらいいのか、何かできることはないかなと考えることが原点にあって、それだけでやってきたような気がします。それは現場の個々の問題ですが、同時に社会そのものを変えていかなければならない。それは、全国の、稲葉さんとかいろんな団体と連携しながら社会全体を変えていく、そういったことをやっていくしかないと思っています。

理解者を増やし見せる工夫を

稲葉　生田さんは修行僧のように自分に厳しくやっていらっしゃると思います。２０１３年からの生活保護の基準引き下げに対しては、全国29都道府県で生活保護基準の引き下げは違憲であるという訴訟が起こされていまして、生活保護当事者の方たち９００名近くが原告となって裁判をたたかっています。私もその裁判を応援する「いのちのとりで裁判全国アクション」というネットワークの共同代表を務め、応援をしてるところです。生活保護利用者に対するバッシングが激しく、基準の引き下げは当たり前じゃないかという逆風が吹く中、当事者の方が声をあげていることに対して敬意を表したいと思います。

またこれは自分の中で逃げ場を作ってる意味もあるのかもしれないですけれども、一つの分野の活動だけではなくて、関連するさまざまな分野の活動にあえて取り組んでいるところもあります。生活保護を権利として確立させるという活動は重要ですが、同時に日本の社会保障は生活保護だけに負担が集中していて、生活保護以外に選択肢がほとんどないという状況があります。私は生活保護の手前に、住宅セーフティネットを整備する必要があると考え、「住まいの貧困」をキーワードにした社会運動も進めてきました。国土交通省もようやく重い腰を上げ、２０１７年4月に住宅セーフティネット法が改正されて、10月から空き家を活用した新たな住宅セーフティネット制度が始まりました。充分ではありませんが、住宅政策の分野では対策が進んでいると言えます。そのように、複数の分野で活動を進めることで、悲観をせずに済むという面もあると思います。

また、行政や政治の動きに関して反対するだけでなく、社会の中で理解者を増やしていくとか、支援の輪を広げていくというためのツール作りを工夫してやっています。例えば、「カフェ潮の路」では「お福わけ券」という仕組みを導入しています。これは欧米のホームレス支援カフェで行われている「ペイ・イット・フォワード」という仕組みに学んだもので、カフェに来たお客さんが自分の分だけではなく、「次に来る誰か」の分のランチ代、コーヒー代を払うというものです。「カフェ潮の路」では「お福わけ券」という名前にして、７００円券と２００円券を作っていて、この７００円券があるとランチが５００円で食べられ、コーヒーが残りの２００円でコーヒーが飲めるということになり、それがもう３００枚近く売れています。

私たちの活動は、社会の中では圧倒的にマイノリティなのかもしれませんが、その一方で、ご飯を食べていない人のためにランチ代を払ってくれる人がいるわけですね。それを形にしていく、形として見せるように工夫しているのです。そして、そうした小さな活動がまた新聞等で取り上げられて社会の雰囲気を変えていく力になる。微力であるけれども力になるでしょうし、そのことが自分たちの活力にもなっているということもあると思っています。

芦田　私も仲間と作るということがすごく大事だと思っています。シングルマザー支援をしていますが、これも仲間がいるからやっていけてますよね。うちの団体は支援される人、支援する人という分け方ではなく、どんな人も「今、支援できるよ」「今、ちょっと助けて」と言えるような関係性を作っていきたいと思っていて、実際にシンママさんたちもサポートに入りますし、役割を固定せずに、居場所になれるようにと思いながら活動しています。

【質問2】
貧困者のリアリティが伝わってきません。釜ケ崎はとことん心配しあう町です。

仲間作りは自分が出向いて活動しないと心を開いてくれないと思うのですが、いかがでしょうか。

当事者が語るのが一番だが

芦田　リアリティが伝わってこないということですが、リアリティを感じていいただいている方もおられると思います。全員が同じ感じ方をすることの方が稀だと思いますが、リアリティのある話を聞きたいということですので、リアリティのあるお話は何かありますか。

生田　今日、お話したことはたぶん僕も稲葉さんも本に書いてあることしかしゃべっていないんですよね。ぼくもできればいろんな質問をここで出してもらい、それに対して答えていくといいんじゃないかなとは思いますし、それはぼくも期待しています。

稲葉　リアリティという点では、当事者の方がお話されるのが一番だと思います。私も生活に困窮された方々と接する機会も多いのですが、そこはあくまでも支援者として接しています。むしろどちらかと言うと支援者という立場を自分に課してるところがあって、その中で自分に何ができるかということを常に頭の片隅に置きながら、どうしたらこの人は生活保護につながるかとか、そういうことを考えながら接する機会がどうしても多くなります。そういう支援者としての目線には見えていないことがたくさんあるので、貧困者のリアリティは、水平な関係の中にいる当事者の方に語っていただくのが一番だとは思っています。

ただ私が懸念しているのは、今、お話されたような釜ヶ崎の濃い人間関係というか、チラシを持って会いに行って話し合うといったようなコミュニケーションは、私が活動している東京の現場では難しくなってきているということです。私はネットカフェに暮らしてる若い人たちに、どうやってアプローチするかということでずっと悩んでいます。例えばネットカフェのお店の前でチラシを撒いたこともあります。店はやっぱり協力してくれないから、お店の中に入れてくれません。だからお店の前で配りますが、明らかにボストンバッグを持ってる人がいて、この人はここに泊まってるんだろうと思って声をかけ、何かあったら相談に来てねという内容のチラシを渡そうとしても「私は違います」と言われます。遊びに来ているだけで、ここで暮らしているわけじゃないよと言われてしまうんですね。そこには貧困であることを後ろめたいと思うというスティグマの問題があり、やはりなかなか本当にリアリティのある形で人と人とが出会うということが、年々難しくなっていると感じています。

生田　マクドナルドで寝ている人が結構多くいます。今、難波や心斎橋で野宿している人は数人しかいません。7、8年前には難波でも50人ぐらいは野宿していましたけど、最近は夜回りで出会うのは6、7人です。ところが深夜の2時ごろに難波のマクドナルドに行くと20人ぐらい寝ています。荷物をいっぱい持ってね。それで、マクドナルドで寝ている人のところに「生活に困ったらここに相談してください」というビラを何度か撒きました。勝手にマクドナルドにお客のふりして入って（「私もやったことあります」稲葉）、ビラを置いていくわけです。でも、全然反応がありませんでした。ぼくたちが信用されていないのか、あるいはまだ生活がなんとかなっているのか、それすらわかりません。そういう意味で釜ヶ崎以外での活動は、接点を持つことや相談を受けること自体がかなり困難です。相談が来るのは、野宿者ネットワークのホームページを見た人からの電話相談やネット相談ですね。あと、他団体からの紹介で、相談に来る人もいます。「もやい」からもありました。たいてい20代から30代ですね。

【質問３】

大阪難波の繁華街の中でのこの集まりの参加費用が工面できずに来られない人たちがいます。その人たちが参加できない場所で自分たちのことを酒の肴にして飲食されていることについて、どうお考えでしょうか。

日常的に議論をしていくために

生田　それはこういう集いにはいつもつきまとう問題です。こうして何らかの活動をするとお金、経費がある程度発生します。なので、例えば資料代という形で取らざるを得ないことがあります。するとそれに参加できない人たちが当然出てくるわけです。

僕たちが『フリーターズフリー』という雑誌を作った時、書き手自身が有限責任事業組合を作って直接販売して、出版社や取次での「中抜き」を排除しました。内容は新書２、３冊分はあって１５００円とすごく安く雑誌を作りましたが、それでも１冊１５００円では買うことはできないということを何度か言われました。それが事実なんです。僕たちは、事業としてやっているので利潤は否定しませんでした。不安定雇用の当事者が時間とエネルギーをかけて、それが事業として成立する、ということを社会的に示す必要があったからです。『フリーターズフリー』については、ですから買ってもらえる人には買って欲しいと思っています。でも、その上で、無料でできることはいろいろやりました。ウェブ上で無料で見られる対談を作り、無料で参加できる対談などを開きました。そして、ある程度して売れ残ったナンバーは、全国各地の図書館に寄付しました。今はそういう形で、有料、無料の両面でやっていくしかないのかなと思います。ですから、もし稲葉さんが良かったら今後みなさんが無料で入れる形で対談をやるとか、そういうことはやっていきたいと思います。

それからこの集いの告知に対する意見の中には、晩御飯食べながら貧困問題を語るなんて不謹慎じゃないかという意見もあったそうです。それはわかるところもあって、僕もこの話をいただいたとき、どうしようかなと考えたんです。でも、晩御飯はみんなどこかで食べるじゃないですか。それをここで食べてるだけじゃないか、という考え方もできます。

それに、僕たちは三角公園で釜ヶ崎の越冬集会や夏祭りに参加しますが、そこではみんなが酒を飲んだり飲み食いしてます。そこで、僕たちはアピールするわけです。中には、路上死とか襲撃とか、すごくしんどい話になることもあります。でもそれをその場の人たちが飲み食いしながら聞いてることについて、「けしからん」と反対意見を聞いたことはありません。みんな一緒にご飯食べてお酒飲みながら、自分自身のしんどい話をすることもあるし、貧困問題について語ることもある。それは釜ヶ崎に限らず、よくあることだと思うんです。

僕たちは、時には飲み屋とかで飲食しながら、いろいろな社会問題や貧困問題について本音で語り合うじゃないですか。「お酒入ってるから貧困問題の話は無しね」なんてことはしません。それは不謹慎というより、日常的に議論を社会で作っていくために必要な一つの方法なんだと思います。

あと、「参加費があれば、それを困っている人に直接カンパしたら」というのも、こういうイベントで時々言われます。でも貧困問題は非正規雇用の拡大や、特にひとり親家庭と女性へのセーフティネットの崩壊などによって起こっています。解決しなければならないのはそういう社会問題ですが、それは「民間のカンパ」では解決できません。むしろ、貧困問題に関心あるぼくたちが、多少の経費を払ってもシンポジウムに参加したり本を買ったりして学習して議論し合い、本来あるべき解決策を考える方がいいのではないかと思います。

貧困でない人もある意味で当事者

稲葉　私も東京でこういうライブハウスのイベントでお話したこともありますし、教会など無料の会場で話をする時には入場料無料のイベントもします。また路上で話をすることもあります。

私は貧困問題を社会的に解決したいと思っています。社会的に解決するためには、まず当事者が声をあげることが重要なのですが、当事者と言っても多様な当事者がいます。路上生活の人もいれば、生活保護の人もいたり、シングルマザーの人もいれば外国人もいるし、障害を持ってる人もいるというようにさまざまなタイプの当事者がいます。

そして、現在は貧困状態にない人も、この社会で生きている以上、ある意味、当事者だと言えます。「貧困問題はちょっと縁遠い」とか、自分は当事者ではないから関係ないと思っている人たちにも、自分たちの社会の問題として考えてもらう回路を作ることがすごく重要だと思っています。

ですから今夜、ライブハウスという場で、入場料を設定することによって来づらくなったり、来ないという選択をした方もいるかも知れないけれども、もしかすると今までは、こういう貧困問題の稲葉剛講演会とか生田武志講演会や運動団体がやっている集会にはちょっと行きづらい、ハードルが高いと思っていたけど、ライブハウスでご飯食べながらという設定だから来たという方もいらっしゃるかも知れません。だからそういういろんな場所でいろんな層の人たちに対して語りかけていき、それによってこの社会の中の多様な人たちがそれぞれ、自分たちの社会の中の問題として貧困問題を何とかしようと思ってもらうことが重要じゃないかと思います。

【質問４】
ＮＰＯの活動や貧困ビジネスについてどうお考えですか。

いつまでも無くならない貧困ビジネス

稲葉　ＮＰＯにもいろんなＮＰＯがあります。貧困ビジネス系のＮＰＯあれば、生活困窮者を真面目に支援しているＮＰＯもあります。貧困ビジネスは、生活困窮者を貧困状態に固定化させたり、悪化させたりすることによって儲けているビジネスというのが定義ですので、そういうものはきちんと規制していく必要があると思います。

生田　大阪の貧困ビジネスはひどかったです。僕が釜ヶ崎に来た１９８０年代には病院の貧困ビジネスで事件がありましたし、たとえば２０１３年には、大阪市のマンションやアパート70棟に２０００人ぐらの生活保護の人を住まわせて、年間で約４０００万円をだまし取った4人が逮捕されています。この4人は西成区とかで夜回りをして、野宿の人に声をかけてアパートに受給者として入居させてました。収入は年2億円を超えていたそうです。それにしても、２０００人ですよ。大阪近辺の野宿者の大半がここに吸い込まれたはずです。

不思議だったのが、僕たちが野宿の人と生活保護申請しても追い返されてたのに、そういう業者が行くと生活保護が通ってたんですよね。どこかに癒着でもあったのかと思います。今でもそれは続いていて、先ほどマクドナルドの話をしましたが、マクドナルドやブックオフにそういう生活保護業者がやってきて、一人ひとりに声をかけていくそうです。そして話がまとまると連れて行く。ぼくたちより上手（うわて）です。いつまでたっても無くなりません。

【質問5】
今日の獲得目標はなんですか。

「学校で教えない授業」の中で

生田　獲得目標ですか。今参加されている方で、自ら精神障害持ちながら活動されてるという話がありましたが、例えばここにおられるみなさんの中には話を聞いて、自分もちょっと夜回りやってみようかなあとか、あと生活保護の問題に関わってみようかなあとか、精障害の問題をもっと勉強してみようかなあと思う方が、１人でも出てくればそれでこの集まりは成功だと思います。

以前、東京と大阪で行なったイベントで「学校で教えない授業シリーズ」をしたことがあります。野宿や不登校、セクシャルマイノリティ、精神障害の問題についてのモデル授業です。その一つでは、統合失調症の方と支援者が授業をするんです。その方は、子どもたちの前で自分の病気のことなどを話していくんですが、そうすると物凄いインパクトがある。子どもたちからすると、精神障害を持ってる人ってなんか変だなって思ったりするけれども、その人たちが例えば自分の中で声がいくつも朝から晩まで聞こえてくるんだ、それでものすごくしんどいんだという話をすると、子どもたちは、ああ、それであんな風になるんだ、とわかってくれる。それは支援者がいろいろ説明するのとはまったくちがう。当事者の方が声を上げて一般に伝えていくことはリスクもありますが、とても大事だと思います。

僕も野宿当事者と一緒に学校で授業をしています。これも支援者が話すよりも、やはり野宿当事者が話すと全然反応が違いました。子どもたちも理解して共感してくれるし、話した野宿の人も「行ってよかった！」と言ってくれます。すごく緊張するし、当事者が教室に出向くことには差別に遭うリスクもあるけど、やっぱり大きな意味があるんですね。

野宿の人って怖いと思ってたけど、話を聞いたらとてもいい人じゃんとか、話してみたら普通の人じゃないかということがわかって、子どもたちの反応が変わります。稲葉さんもそうだと思うけど、授業に行くと、自分でも夜回りしたいという子が必ず１人か２人出てくるんです。これ、わずかな反応なんだけど、間違いなく社会を変えます。そういう子どもたちが増えていき、自分の家庭で自分の体験を話したり、学校で先生に対してそのことを話す。先生がまた、来年も授業をやるかと言ってくれる。こういった形で偏見を解消したり、差別や襲撃を阻止することもできるかもしれません。偏見を解いていく、当事者の提案で社会を変えていくということをやっていかなければ、僕たちのやっていることに意味があまり無いんじゃないかと感じています。

社会的問題を話し合うという文化を

稲葉　この社会の中にはすごくいろんな分断があり、今日も「まなざしの格差」というお話をしましたけど、生活保護を利用している人とそうでない人、家がある人と無い人。障害のある人と無い人など、さまざまな分断があります。それと同時に私が感じているのは、そもそも社会的な問題を話し合うという文化が、この社会には決定的に欠けているんじゃないかということです。何か社会的な問題を話すということが、怖いことだと思われてる。今日ここに来ている人はそうじゃない人も多いとは思いますが、やはりハードルが高い。

貧困など社会的な問題は居酒屋で話してもいいし、他のいろんな所で語られてもいいと思います。ただそれを語っている人はどういうスタンスで語っているのかということが重要です。もしそれを覗き見趣味的な形で語るのなら、それは偏見を助長することになると思いますし、もし私たちの今日の発言の中でそういう部分が感じられたなら、それは指摘して頂きたいのですけれども、きちんと自分の社会で起きている問題として社会問題を語っていくという文化を作りたいと思っています。

私も社会運動の集会というものを散々やってきました。それは獲得目標を掲げて何か一つの目標に向かっていくというような集会ですが、そういう在り方だけでは無くて、さまざまな立場の方が来て、普段はそういう集会に参加するにはちょっと何か縁遠いなとか、ハードルが高いなと思っている人たちも来れるような所で集会を設定する、あるいはこういうようなちょっと飲食しながら考える場がきっかけになることもあるでしょうし、そういう場が私は必要だと思っています。

【質問6】

今は働いていても貧困状態にある人たちが本当に多いです。生活保護の受給についてはどう考えていますか。

捕捉率の低さと2極化した働き方

稲葉　今、生活保護の捕捉率が2割程度しかないと言われています。実際に生活保護を受けている人が２１４万人ですから、その背後にはさらに数百万人という人たちが生活保護を申請すれば利用できるはずなのに、利用できていない状況があります。働いても足りない分は生活保護を受けることができるはずなのに、それが知られていないとか、役所の窓口がきちんと対応してくれないとか、利用者に対する偏見や差別が厳しい等、背後にはさまざまな制度、運用、意識の問題があるので、もっと利用しやすいものにしていきたいと思います。

その一方で、生活保護の手前のセーフティネットを拡充することも求められています。最低賃金を１５００円にという運動をされている若い人たちも出てきていますけれども、労働・福祉・住宅、それぞれの政策を変えていく必要があると感じていて、そのための社会運動に取り組んでいきたいと思います。

生田　生活保護や生活困窮の相談を受けてきて思うのは、二極分化がどんどん進んできて、中間が無くなっているということです。例えば、大企業は儲けているけど、中小企業は悲惨な目にあっている。また正社員は死ぬほど働かされて過労死しているんだけれど、フリーターは使い捨てされ、どんどん取り替えられている。昔の「ある程度働いてある程度の暮らしができる」という働き方はどこにいっちゃったんだということです。これは制度的に変えないといけないと思うんです。

一つは雇用の関係が大きいと思います。やはり、非正規を増やし過ぎました。日雇い労働の問題が非正規問題の原点なんですが、非正規を増やしたらどうなるかということは、釜ヶ崎や山谷の問題でずっと以前からわかっているはずなんです。にもかかわらず、第一次安倍政権、第二次安倍政権は非正規を増やし続けました。いまは探せばバイトはあるので多くの人がなんとか生活を維持してますが、不況が来た時、また派遣切りが大規模に再現される可能性が高いと思います。派遣切りのときは、多くの人が生活保護を取ってなんとか生活を維持したんですが、そうなると、不況のたびに生活保護を繰り返すという人がこれから当たり前になってくるかもしれない。そういう意味では、社会保障の再分配も必要だけど、雇用の再分配が最も必要じゃないかと思っています。つまり、正社員の仕事を分配して非正規を減らさないと、基本的にはもたなくなります。

個人的には非正規労働問題とジェンダー問題を踏まえた改革として、オランダモデルが相対的には有効だと思ってます。これは、男性正規労働者、企業、行政が「三方一両損」で協力して、男性と女性の労働時間差もなるべく無くす。夫婦がそれぞれ1日6~7時間ぐらい働いて、パートナーがともに中、短時間の正規労働をしながら家事や育児を行うというモデルです。それは一つの方法ですが議論して、いくつかのいろんな方法を考えていけばいいと思います。

今は、親の世代の財産で非正規労働者の世代の生活が保たれている面があります。日本社会は人に投資をしなければ未来がないけど、「子どもの貧困」が先進国で有数の深刻さになっているのにまともな対策をせず、逆に子育て世帯の生活保護費の削減をやろうとしている。日本は、自分で自分の首を絞めにかかっているのかと思います。

日本は今、社会保障の面でも対外的な面でも危ない方法へ走っていて、これをどうやって変えていくかということが課題だと思っています。僕も大阪を中心にいろんな団体と連携して制度作りの提案とかをしていますが、いま日本の向かっている方向は「ちがう」と思います。

今日は模索の１つの表れとして

芦田　おっしゃる通りこの20年で現実はどんどん悪化していると思います。働いても働いてもしんどいというのは、シングルマザーをそばで見ているとよくわかります。シングルマザーの８割は働いていて、子どもを育て家事も１人で行い貧困な状態です。これから先どうやっていったらいいのかというのは私も考えます。魔法の杖は無いと思っていますから、いろいろ試してみることも大事かと思います。

今回のやり方、本当にいろんなご意見がありました。今までのやり方をしていても広がらなかった分、違うやり方をしてみたら広がるかもしれないという模索の一つの形でもあります。こうして普通にご飯を食べながら、社会的な問題、政治的な問題について語るのが、タブーというか、そう見られる中でこういう状態になってきたんじゃないかなと個人的には思います。

でも本当に誰が当事者なのか。ある意味、こういう社会を作り出しているのは当事者である私もそうです。私、大学教員ですが任期付き雇用でいつ仕事がなくなるかわからない状態です。先日「何で職を変わったの？」と聞かれたので「任期が付いてますから」とお答えしたら、その方は「すみません」と言われました。

いろんな雇用形態がある中で、みんながもっと貧困を自分のこととして考えていくきっかけに、今日の集いがなればいいかなと思っています。でもそこにはもちろんいろんな意見があるのは当然で、そこも踏まえながらどこかで折り合いを付けながら、ちょっとでもいい方向を目指していければいいかなということです。

では定刻の10時を過ぎましたが、最後に一言ずつ何かあればお願いします。

生田　個人的には話足りない部分があります。本当なら、あと2時間位かかりますよね。また稲葉さんと突っ込んだ話をしたいと思います。

「お前は何者だ」と自問自答の日々

稲葉　私は最近、大学などで貧困問題を解説する機会が増えてきましたが、今日は改めて原点を思い出したという気がしました。１９９４年に最初に新宿の路上でボランティアに行った際、野宿をしているおじさんから「お前はいったい俺に何をしてくれるんだ」というようなことを言われることがありました。支援の現場では、「お前は何者なのか」という立場性を常に問われるわけです。そこで私は野宿の当事者ではないけれども、路上で人が亡くなっているという現実を知って、その現実を変えたいという思いを持つに至った。その思いは自分自身のものだから、その思いに従って自分は動いていると考えるようになりました。

今日もひな壇の上から、野宿の人のことを話したり、生活保護の人のことを話したり、女性の貧困を語ったりして、「お前は何者だ」っていう突っ込みに自問自答している訳です。けれども私はこの活動を続けていく中で、野宿の人の思いにも触れたし、生活保護の人が社会の中でどういう冷たい目線を浴びているかということも知り、暴力にさらされてきた女性の話も聴いてきた。ある意味、出会ってしまったというか、さまざまな人たちと関わる中で見てきたこと、聴いてきたことを社会にきちんとお返ししたいという思いがあります。ですからこれからも突っ込みを受けるだろうし、自分の中でもいろいろ突っ込んでいるんですけれども、語っていきたいと思っています。

芦田　今日は本当にあっという間の3時間でしたが、ここから自分がどう動いていくかということを、改めて私も考えるきっかけになりました。お二方、そしてお集まりいただきましたみなさん、ありがとうございました。

おわりに

大阪の釜ヶ崎で日雇い労働者・野宿者支援を続けてこられた生田武志さんと、東京で「もやい」を経て「つくろい東京ファンド」を立ち上げた稲葉さんという有名なお二人のトークセッションに無名の私がコーディネーターとして抜擢された。それは、シンママ大阪応援団の活動を通してシングルマザーの貧困を目の当たりにしている立場の視点も重要だという主催者の判断からだろう。

1992年、私は大学に入学し社会福祉を学んだ。私たちには健康で文化的な生活を営む権利があること、それを保障するために社会福祉があること、誰であれ何かしらの理由で健康で文化的な生活が営めない場合には社会福祉が使えること。その時「なんて素晴らしい！これから先の長い人生において生活に困ることがあっても、社会福祉が助けてくれる！」と喜んだことを覚えている。

子どもの頃から「女の子だから」とか「女のくせに」と言われることに腹を立てていた私は「女性労働者の抱える問題」をテーマに卒業論文を書いた。その過程でフェミニズムに出会い、私の生きにくさの原因のひとつが性別役割分業であることを学んだ。男女雇用均等法は名ばかりで、女性の賃金は低く抑えられ、家事・育児・介護との両立の問題やセクハラの問題があった。経済的自立が女性にとって困難なことであり、女性が貧困になりやすい存在であるという現実が見えた（男女雇用機会均等法成立以前は、女性にとって経済的自立がさらに困難だったことは言うまでもない）。

大学院に進み、人権侵害の最たる行為である「女性への暴力」を修士論文のテーマにした。これがきっかけでＤＶ被害者支援やシングルマザー支援に携わることになる。その支援を通し、社会福祉が機能していない現状を目の当たりにする。無論、女性の生きづらさ全てについて社会福祉が対応するわけではないが、最低限の生活を保障するものであり、生活に困ったら使えるものが社会福祉ではなかったのか。

経済的自立が困難な上に、社会から性別役割分業を押しつけられる女性たちの中には、生きていくためにパートナーからの暴力を甘んじて受けながら暮らす女性がいる。生きていくために性労働に従事している女性たちがいる。これが彼女たちにとって健康で文化的な生活だと言えるのか、社会福祉がしっかりと機能していてもそこにとどまるだろうか。

「貧困問題」が「社会問題」として認識され始めたのは最近のことだが、昔から女性は貧困だった。ただ、「女性の貧困」が社会において問題とされてこなかっただけだ。「貧困問題」が「社会問題」として扱われるようになったのは、男性が一家の稼ぎ主としての役割を果たすことができなくなった頃ではないか。野宿生活をする女性は男性に比べ、圧倒的に少ないが、それは野宿生活が男性よりも女性にせまる危険が多いために選択しにくいからに過ぎない。

今回のトークセッションで私の出番はほぼなかった。それはお二人がこのような女性の貧困についても理解され、向き合い、支援してこられたから、私が口を挟む必要がほぼなかったのだ。お二人には敬意を表したい。

また今回のトークセッションに対し「貧困問題のイベントでお金をとるのはおかしい」「当事者の声がないのはリアルではない」などの批判が出た。しかし当事者とは誰のことなのだろうか。お二人がずっと貧困の現場に身を置き、活動されてきたことを踏まえれば充分に当事者と言えよう。さらに言えば、現在貧困状態にある人のみを当事者とすることで、そうでない人との間に隔たりが作ってこられたのではないか。

今回はそれを打破しようと試みたものであったと思う。このトークセッションや本書を通して、当たり前の生活がどのようなものか、それができない人たちがいることをどう思うのか、どんな社会が理想的なのかを考えるきっかけとなることを願う。

主催の鶴幸一郎さんをはじめ、生田さん、稲葉さん、陰でサポートしてくださったスタッフやボランティアの方々、参加してくださったみなさん、解説を書いて下さった高端正幸さん、また本書を最後までお読みいただいたみなさんに感謝するとともに、改めてすべての人が健康で文化的な生活が当たり前に送れる社会を目指して研究と支援活動を続けることを誓う。

芦田麗子

解説　自己責任社会の罠を乗り越えるために

高端正幸（埼玉大学大学院人文社会科学研究科准教授）

僕は、社会保障の財政問題を研究している。広いくくりでいえば、経済学者だ。「当たり前の生活」が誰もに対して保障される社会を切望し、社会保障制度のあるべき姿や、税のあり方を模索している。

ただし、生活困窮の現場に身を投じ、当事者に寄り添ってきた生田さんや稲葉さんと比べれば、間違いなく僕は当事者から遠い立場にある。そんな僕にとって、お二人のメッセージは限りなく重い。それを受け止めたうえで、本書の読者の皆さんに僕が届けたいと感じた言葉を書き連ねることで、本書を読み解く補助線を僕なりに提供したいと思う。

生きることと貧困

僕らは、生活を営むために、様々な「モノ」や「コト」を必要とする。衣・食・住がその典型だ。そして、「ロビンソン・クルーソー」のように、厳しい環境の無人島にただ一人の状態で生きながらえるのは、至難の業だ。つまり、人間は、一人ではほとんど何もできない。

お金があっても、誰かが食料を生産して、流通業者がそれを小売店に卸し、小売店がそれを売ってくれないかぎり、僕らが空腹を満たすことはできない。電気を使うにも、石油を掘る業者がいて、タンカーでそれを運ぶ海運業者がいて、石油を燃やして電気を作る発電業者がいて、それを僕らの家に運ぶ送電・配電網が用意されていて、僕らの家にコンセントなど電気を使うための設備を整えた業者がいて…。でなければ、スマホの充電はおろか、夜の暗闇の中で部屋に灯りをつけることさえできない。当たり前のことだ。

モノを買う、使うという面とは別に、僕らは、より直接的な人と人との関わりよっても生かされている。僕がこの世に産み落とされたとき、ただ一人で放置されていたら、僕の人生は数日で終わっただろう。親、または他の誰かの庇護があって初めて、僕らは乳幼児期をまっとうすることができた。親、もしくは家族という存在は、一人ではほとんど何もできない人間を包み込む、最も基礎的な人間関係だ。さらに、育つにつれて、僕らはより幅広い人々との関わりを持ち、それにより生かされてきた。

一人ではほとんど何もできない僕らは、他者と様々な形で関わることによってのみ生きてゆける。つまり、僕らは、他者と関わることによって生かされるだけでなく、他者と関わることによって他者を生かす存在だ。繰り返すが、それは当たり前のことだ。

しかし、僕らは、そのことを忘れがちではないか。大人になるとは「自立」することだ、と繰り返し聞かされて僕らは育った。そこでの「自立」のイメージは、自分の稼ぎで食っていき、人様に迷惑をかけないという感じだろう。しかし、自分一人の力で生きることなど不可能だ。他者との関わりに恵まれたうえでの、限られた意味での「自立」しか、現実にはありえない。

そのことに気づけば、つぎのことも見えてくる。モノの売り買いをつうじてであれ（＝経済的な面)、より直接的な人と人との関わりであれ(=関係性の面)、僕らは常に他者を生かし、他者に生かされる存在だ。そして、このような人間関係が織りなすのが「社会」に他ならない。

本書のなかで、生田さんと稲葉さんは、貧困を「経済的貧困」と「関係性の貧困」の二面からつかまえる。それらはいずれも、社会、すなわち他者を生かし、他者に生かされる関係から排除されることによって生じる。つまり、貧困の痛みは当人が背負うものだけれども、それは常に社会と彼とのつながり方から生み出されるのだ。

そうであれば、生田さんと稲葉さんが繰り返し強調するように、貧困の原因をその人だけに押し付けることには間違いなく無理がある。貧困は、社会が生み出す。この事実がすべての出発点だ。

あきらめのまなざし

社会からの排除、つながりの喪失に対して、僕らはどんなまなざしを向けるのか。対談では、「まなざしの格差」という問題も提起された。たとえば貧困、雇用崩壊、女性や外国人の不利が、いまそこに存在する。社会に生きる僕らの多くがその事に気づき、問題意識を抱かないかぎり、それらは解決すべき社会問題とはならない。丁寧に言えば、「まなざし」には二つのことが含まれる。一つは、気づくこと。もう一つは、疑問を抱くことだ。

貧困や不平等を「みえる化」することが、僕らがその現実に気づくためには欠かせない。実際、生田さんや稲葉さんのような方々がそのために尽力されてきた。メディアも、間違いなく以前よりは盛んに報じるようになった。貧困率という数字の力も大きい。貧困や不平等の存在に気づくチャンスは、この十数年間で、明らかに増えた。

しかし、僕ら一人ひとりが、貧困の現実をどれほど痛切に「僕らの重大事」と感じて、問題意識を鋭くすることができるか。そこには固い壁があるようだ。ひとつの手がかりを紹介しよう。

つい先日発表された、公立小中学校に子どもを通わせる保護者への調査がある。それによると、「所得の多い家庭の子どものほうが、よりよい教育を受けられる傾向」について、「当然だ」とする人は9・7%、「やむをえない」が52・6%、「問題だ」とした人は34・3%いた（朝日新聞社・ベネッセ教育総合研究所「学校教育に対する保護者の意識調査」）。目を見張るべきは、近年、「当然だ」「やむをえない」が増え、「問題だ」という回答が減っていることだ。「問題だ」という回答は、2008年調査では半数を超えていた。それがこの10年で19ポイントも低下したのだ。

この調査を紹介した記事の中で、識者がこうコメントしている。「変化が特に大きかったのは、2008年と13年の間だ。メディアなどで「子どもの貧困」が取り上げられ、人々が認識するようになった時期と重なる。豊かさのなかで見えていなかった貧困の再発見は皮肉にも、「やむをえない」というあきらめを広めたのだと思う」と（朝日新聞2018年4月5日朝刊）。

この調査結果だけでは断言できない。しかし、可能性なら十分に指摘できる。あらわとなった貧困や不平等の現実に対して、「あきらめのまなざし」が向けられつつあるのではないか。仕方ないよね、世の中そういうもんでしょ、とでも言うかのように。近年の生活保護バッシングの高まりは、「責めるまなざし」の表れだが、同時に、もしくはそれ以上に、「あきらめのまなざし」が強まっていると言えそうだ。

自己責任社会の罠

なぜ、貧困へのまなざしがそうなるのか。おそらく、最大の理由は、かなりの運と能力に恵まれた一部の者を除いた、ごく「普通」の僕らは、自分の稼ぎと家族の助け合いで生活を成り立たせるのが当たり前だという、自己責任の重荷に、必死で耐えているからだ。そして、その重荷に押しつぶされることを恐れ、不安に駆られているからだ。

かつての華々しい経済成長の時代には、日本型雇用と男女役割分業（男は仕事、女は家事）をベースとする生活保障システムが、人々の生活の安定に寄与したかに見えた。しかし、福祉政策は後回しとされ、福祉に頼らず自力で安定した生活を送れる人を増やすことを政府は追求するのみで、性差別のもとで従属的な地位を押しつけられた女性たち、そして分断した労働市場において安定雇用から排除された人々の抱える不利は、黙認されるか、巧妙に正当化されていた。要するにずっと前から、日本は自己責任社会だったのだ。

低成長時代の到来が、こうした日本型生活保障システムの矛盾を白日の下にさらした。医療や介護の負担にあえぐ高齢者、リストラされる中高年、ブラック労働に耐える若者、家庭環境の不利に苦しむ子どもが増えた。男女役割分業観も制度・意識の両面で根強く残り、女性たちに足かせをはめつづけている。こうして私たちの多くが、襲いかかる不安が抱える不利に押しつぶされないよう、日々もがいているのだ。

それなら貧困への理解、共感は高まりそうにも思えるが、そこに固い壁がある。というのも、自力で生きることに必死となり、不安に駆られる僕らが抱きがちな心理が二通りある。一つが、「自分が必死なのだから、他者にも必死であることを要求する」というものだ。これが貧困、特に生活保護利用者を「責めるまなざし」の背後にある。もう一つは、「必死で、不安で、つらい。みんなそうだから仕方ないし、結果として生じる貧困や不平等も仕方がない」という「あきらめのまなざし」だ。

つまり、こうまとめることができる。自己責任社会は、貧困や不平等を作り出すと同時に、「苦しい者」と「より苦しい者」との連帯の可能性を奪おうとするのだ、と。

自己責任社会の罠を乗り越える。そのために僕らができることは、自分自身を見つめなおすこと、そして、僕らが互いに生かし、生かされる営みとしての社会のあり方を、その根本から問い直すこと以外にないだろう。蛇足だが、研究者としての僕を突き動かす思いを言い当てている気がするので、最近コミック化されて話題となった古典的名著の一節を借りて、この拙稿をしめくくりたい。

人間が本来、人間同士調和して生きてゆくべきものでないならば、どうして人間は自分たちの不調和を苦しいものと感じることが出来よう。お互いに愛しあい、お互いに好意をつくしあって生きてゆくべきものなのに、憎みあったり、敵対しあったりしなければいられないから、人間はそのことを不幸と感じ、そのために苦しむのだ。

また、人間である以上、誰だって自分の才能をのばし、その才能に応じて働いてゆけるのが本当なのに、そうでない場合があるから、人間はそれを苦しいと感じ、やり切れなく思うのだ。

人間が、こういう不幸を感じたり、こういう苦痛を覚えたりするということは、人間がもともと、憎みあったり敵対しあったりすべきものではないからだ。また、元来、もって生まれた才能を自由にのばしてゆけなくてはウソだからだ。

（吉野源三郎（1981、初版1937）『君たちはどう生きるか』岩波書店、252頁～253頁）

【著者紹介】

生田武志　1964年生まれ。同志社大学在学中から釜ヶ崎の日雇労働者・野宿者支援活動に関わる。2000年、「つぎ合わせの器は、ナイフで切られた果物となりえるか？」で群像新人賞評論部門優秀賞。2001年から各地の小、中、高校などで「野宿問題の授業」を行う。野宿者ネットワーク代表。一般社団法人「ホームレス問題の授業づくり全国ネット」代表理事。「フリーターズフリー」発行人。著書に『〈野宿者襲撃〉論』（人文書院、2005）、『ルポ　最底辺　不安定就労と野宿』（ちくま新書、2007）、『貧困を考えよう』（岩波ジュニア新書、2009）、『おっちゃん、なんで外で寝なあかんの？—子ども夜回りと「ホームレス」の人たち』（あかね書房、2012）、『釜ヶ崎から　貧困と野宿の日本』（ちくま文庫、2016）など。

稲葉　剛　1969年生まれ。東京大学在学中から平和運動、外国人労働者支援活動に関わり、1994年より東京・新宿を中心に路上生活者支援活動に取り組む。2001年、湯浅誠とともに自立生活サポートセンター・もやいを設立。2014年まで理事長を務める。一般社団法人つくろい東京ファンド代表理事。立教大学大学院21世紀デザイン研究科特任准教授、住まいの貧困に取り組むネットワーク世話人、生活保護問題対策全国会議幹事、「ホームレス問題の授業づくり全国ネット」理事など。
著書に『ハウジングファースト』（共編著、山吹書店、2018）、『貧困の現場から社会を変える』（堀之内出版、2016）、『生活保護から考える』（岩波新書、2013）、『ハウジングプア』（山吹書店、2009）など。

芦田麗子　1973年生まれ。龍谷大学大学院社会学研究科社会福祉学専攻修士課程修了。神戸親和女子大学講師。社会福祉士。大阪のDV被害者サポートグループCOSMOで、立ち上げから解散までの12年間、ボランティアスタッフとして暴力被害を受けた女性や子どもの支援に関わる。現在は一般社団法人シンママ大阪応援団理事として活動中。『シングルマザーをひとりぼっちにしないために』（日本機関紙出版センター、2017）を監修。

当たり前の生活ってなんやねん?!　東西の貧困の現場から

2018年6月20日　初版第1刷発行

著者　生田武志、稲葉　剛、芦田麗子
発行者　坂手崇保
発行所　日本機関紙出版センター
〒553-0006　大阪市福島区吉野3-2-35
TEL 06-6465-1254　FAX 06-6465-1255
http://kikanshi-book.com/　hon@nike.eonet.ne.jp
本文組版　Third
編集　丸尾忠義
印刷・製本　シナノパブリッシングプレス
ISBN978-4-88900-959-0